KiWi 99

Jan Wolkers
Türkische Früchte

Jan Wolkers

Türkische Früchte

Roman

Aus dem Niederländischen
von Siegfried Mrotzek

Kiepenheuer & Witsch

Zuerst erschienen unter dem Titel
Turks Fruit
Aus dem Niederländischen von Siegfried Mrotzek

Umschlag Hannes Jähn, Köln
Gesamtherstellung May + Co, Darmstadt
ISBN 3 462 01759 4

Für Olga Stabulas

Inhalt

RASTAPOPOULOS: Ich? Widerlich? Na klar bin ich widerlich! Ich bin der größte Widerling aller Zeiten! Na und? Sicher, das ist schlimm, aber nicht zu ändern!

CARREIDAS: Hat man sowas schon gehört! Ich, ich bin der größte Widerling aller Zeiten! Außerdem bin ich viel reicher als Sie!

RASTAPOPOULOS: Waaas? Hören Sie gut zu: Ich hab meine drei Brüder und zwei Schwestern ruiniert und meine Eltern zum Offenbarungseid getrieben! Na, was sagen Sie jetzt?

CARREIDAS: Was ist das denn schon? Kleinkram! Meine Großtante hat sich wegen mir so geschämt, die hat sich hingelegt und ist gestorben. So, nun sind Sie dran!

RASTAPOPOULOS: Jetzt reicht's mir aber! Los, geben Sie sofort unumwunden zu, daß ich verworfener bin als Sie!
CARREIDAS: Nie! Hören Sie! Niemals! Lieber will ich sterben!

Tintins Abenteuer
Flug 714

Gemüse im Rasiernapf

Ich saß ganz schön in der Scheiße, nachdem sie mich verlassen hatte. Ich arbeitete nicht mehr, ich aß nicht mehr. Ich lag den ganzen Tag zwischen meinen dreckigen Laken und klebte mir Fotos und Nacktaufnahmen von ihr dicht vors Gesicht, so daß ich mittlerweile zu sehen glaubte, wie sich ihre stark getuschten Wimpern bewegten, wenn ich mir einen runterholte, wie ihre Lippen dick wurden und sich feucht nach außen wölbten; und mir war's, als könnte ich wieder ihre Schreie hören, wenn sie klarkam, heftig wie am Anfang, als sie noch nicht gelernt hatte, den Genuß für sich und mich zu behalten, sondern ihn in die ganze Welt brüllen wollte – so daß eine Nachbarin sie mal gefragt hatte: »Was macht er denn mit dir?«, und ein Nachbar sagte: »Ihr habt wohl ein Nest voll junger Hunde in der Wohnung.« Immer wieder las ich ihre Briefe und schrieb ganze Sätze daraus an die Wand: *Als ich Dich verlassen hatte, mußte ich in einer Apotheke blutstillende Watte kaufen, die hatte ich nötig, um mein Herz in Schwung zu halten.* Und: *Gestern abend konnte man hier in der Stadt das Heu riechen. Während ich Dir schreibe, macht meine Möse saugende Bewegungen wie der Mund eines Säuglings, so sehr verlange ich nach Dir.* Ich zerbrach mir den Kopf und fragte mich immer wieder, was falsch gelaufen war, warum sie mich wegen so eines Schleimscheißers verlassen hatte, so einem Klinkenputzer, so einem aus allen Nähten geplatzten Hohlkreuzpinsel. Mir tat die Kopfhaut weh vom Denken und Wühlen. Ich kam nicht dahinter, ich konnt's nicht kapieren. Wie hatte sie sich so vergiften lassen können? Von dem schmierigen Miststück, ihrer Mutter? Und dann wichste ich mir wieder einen, vor mir ihr Foto, das ihren nackten Rükken zeigte, etwas aufgerichtet, so daß die Arschbacken schwer runterhängen. Und ich rief, scheiß, verdammt noch mal, scheiß für mich, dann leck ich dir den Mist aus der Kackspalte! Aber nach vierzehn Tagen war's genug, da kam ich endlich aus dem Bett. Mager und verdreckt. In der Küche fand ich in einer Bratpfanne auf dem Gasherd das Letzte, was sie im Hause zubereitet hatte: zwei Frikadellen. Die lagen in einem Daunenbett aus Schimmel, und als ich sie durch den Lokus spülte, war's mir nach Heulen und Lachen zugleich, weil ich an die Frikadellen denken mußte, die sie als junges Mädchen, als sie in einem Internat war, an die staatliche Nahrungsmittelüberwachung geschickt hatte. Ich duschte und rieb mir den Körper mit dem Skelett einer Seewalze wund, um das ihre roten Haare gewunden waren wie Nylongarn. Ich zog meine besten Klamotten an und betrachtete mich andächtig im Spiegel. Ich fand, daß ich mit meinem mageren Gesicht und den wilden Locken, meiner engsitzenden schwarzen Hose und der schwarzen Lederjacke unübertrefflich gut aussah. Und ich flüsterte mir ernsthaft zu, denn lachen konnte ich nicht darüber: »Glück im Unglück.« Ich reagierte genau wie in dem Witz jener jüdische Mann, der von seinem Freund erwischt wird, als er am Tage der Beerdigung seiner Frau aus dem Puff kommt, und sagt: »Was weiß ich, was ich in meinem Schmerz mache.« Ich vögelte eine Schickse nach der anderen. Ich schleppte sie in meine Höhle, riß ihnen die Kleider vom Leibe und rammelte mich halbtot. Danach durften sie in aller Eile etwas trinken, und dann schmiß ich sie zur Tür raus. Manchmal drei an einem Tag. Große Titten, die wie volle Breisäcke hingen, mit einem Schnuller zum Saugen daran. Kleine verhutzelte Warzenhügel, zu erbärmlich, um gestreichelt zu werden. Dann besser die Bluse anbehalten. Büsche von Schamhaaren, hart wie Seegras, weich wie Pelz. Trockene Fotzen mit Warzen drin. Widerlich am Finger, aber angenehm am Pimmel. Mösen, die man nicht zu sehen bekam, weil eine Hand davorgehalten wurde. Mösen, weich und feucht wie Puddingbrötchen. Stämmige Weiber, deren Hüften so rund wie Edamer Käse waren, mit Rotterdamer Akzent und voller Aggressivität, die einem den Schwanz festhielten, als wäre es der Handgriff eines Drillbohrers. Die sofort nach dem Pimpern das Geschirr abwaschen, den Fußboden putzen und das Klosett schrubben wollten. Mädchen, die einem mit nasser Nase das Brusthaar vollheulten, weil ihr Vater sie vergewaltigt hatte, als sie fünfzehn Jahre alt waren. Die Indonesierin, die es auf die Jungferntour versuchen wollte und mit ihrer runden Aussprache halbverrückt rief: »Was machst du mit mir?« »Ich reiß dir die Schenkel auseinander und steck meinen Schwanz in dich rein, und ich werde dich vögeln, bis ich deinen süßen Atem nicht mehr rieche. Los, mach deine klebrigen Lippen auf! Häng die Zunge raus, dann freß ich sie!« Die stinkenden Kopfschmerzen, mit denen ich wach wurde, wenn wieder 'ne Monatsbinde unter das Kopfende meiner Matratze gestopft worden war. Das Blut schwarzbraun wie Apfelsirup. Die Sackratten, die sie anschleppten, wie graue Hautschuppen mit Grüßen vieler Freunde aus fernen Ländern. Ich schrieb all die kurzlebigen Abenteuer in ein Tagebuch. Oft mit einer Haarlocke dazugeklebt, und manchmal mit Schamhaar, wenn ich sie so verrückt hatte machen können. Und, wie ich sie verführt hatte – oder, manchmal, sie mich. Und was sie gesagt hatten, und was ich gesagt hatte. Denn für eine Frau ist nichts attraktiver als ein Mann, der an einer verlorenen Liebe leidet. Aber nach ein paar Monaten kotzte es mich an. Ich kam wieder etwas zur Ruhe und vermietete das vordere Zimmer an zwei amerikanische Studentinnen, die ich mit keinem Finger anrührte. Sie studierten Kunstgeschichte und hatten zwischen einer Reproduktion von Memlings »Das Lamm Gottes« und dem unvermeidlichen Selbstbildnis des Irren aus Arles, dem mit einem Verband um den Kopf, Sprüche an die Wand gehängt: THERE'S NOTHING SADDER THAN ASSOSIATIONS HELD TOGETHER BY NOTHING BUT THE GLUE OF PO-

STAGE STAMPS. Und: ONE WHO PUTS SALT IN THE SUGAR BOWL IS A MISANTHROPE. Obwohl sie gar nicht katholisch waren, brachten sie jeden Freitag mickrige Schollen in einer schmierigen Zeitung vom Markt mit. Zum Salzen legten sie die ganz einfach in den Spülstein, der von meiner Rotze und Pisse glibberig war und nach verfaultem Salat stank. Sie waren zu dusselig, um zu begreifen, daß sie dafür einen Teller hätten nehmen müssen. Darum sagte ich auch nichts, als sie eines Tages den alten Topf, den ich zum Rasieren benutzte, voll Chicorée auf dem Gas stehen hatten und ich die am Rand festgepappte Seife mit schwarzen Barthaaren darin langsam in dem kochenden Gemüse wegschmelzen sah. Es half doch nichts. Wie sie sagten, schmeckt in Amerika sowieso alles nach Seife. Darum gingen sie sicher vier Mal am Tag unter die Dusche, die direkt über dem WC war, so daß ich sie planschen und kichern hören konnte, wenn ich gemütlich auf dem Becken saß und die Zeitung las. Und durch das langdauernde Sitzen auf dem Abfluß kam das Wasser durch die Ritzen nach unten. Erst wurden nur die Mauern feucht, aber nach einigen Monaten zählte ich sieben verschiedene Arten Schimmelpilze. Und danach wuchsen kalkartige Beulen aus Mauer und Decke, grad so, als ob die Scheidenflora der Mädchen sich wie eine schmutziggraue Koralle durch die Mauern fortpflanzte. Auch deswegen sagte ich nichts, denn schließlich benutzte ich auch die Dusche. Jeden zweiten Tag, so hatte ich es mit ihnen ausgehandelt. Dann kam ich in meiner Unterwäsche in ihr Zimmer. Sie saßen auf dem Sofa und steckten andächtig ihre amerikanischen Stupsnasen in die Bücher. Ganz laut die holländischen Wörter buchstabierend. Von den Katakomben bis Greco, oder so 'nem Zeug. Dann zog ich die Unterhose und das Unterhemd aus und legte die wie ein Häufchen auf den Fußboden. Ich hatte die Mädchen im Verdacht, daß sie mir noch schnell ins Arschloch zu gukken versuchten, bevor ich mit meinem behaarten Körper in der Dusche verschwand. Und dann schnell wieder gemeinschaftlich weiterlasen, über Giotto und Cimabue, oder ein paar von den anderen alten Säcken. Wenn ich gute Laune hatte, drehte ich in der Tür schnell noch mal meinen Kopf zu ihnen und rief: »Rembrandt ist der größte Stümper des 17. Jahrhunderts.« Dann erstarrten sie und wagten nicht in meine Richtung zu blicken, weil sie nicht wußten, was da womöglich durch die Tür in ihr Zimmer hineinragte. Dann drehte ich, lauthals STARS AND STRIPES FOREVER singend, den

Kran auf. Unter dem lauwarmen Wasser hielt ich meinen steifen Pimmel in der Hand und stellte mir vor, daß ich so in ihr Zimmer laufen, mich zwischen sie legen und mir von ihren greiflüsternen Dollarhändchen kalt und hart einen runterholen lassen würde. Daß sie den Samen auf meinen Bauch verschmieren und darauf die abgeweichten Briefmarken aus Amerika kleben würden, mit Abbildungen von der Freiheitsstatue, darüber ein Bogen IN GOD WE TRUST und darunter LIBERTY. Oder mit der Abbildung von einem ihrer historischen Knakker, einem alten zahnlosen Weib in Hellgrün oder Sanftviolett aus ihrer ruhmreichen Vergangenheit voll Indianer-, Bison-, Neger- und Brudermörder. Aber das ist nie geschehen. Wohl haben sie gleich am Anfang Bemerkungen darüber gemacht, daß ich nackt in die Dusche ging und nackt wieder herauskam. Von mir bekamen sie nicht mal eine Antwort. Ich ging nach unten, legte meinen Lümmel auf dem Tischrand auf ein Stück Papier, zeichnete den Umriß nach, schrieb MY PENIS darüber und schob's dann bei ihnen unter der Tür durch. Ich hab's nie zwischen ihren Reproduktionen und Sprüchen an der Wand wiedergefunden, und im Mülleimer auch nicht. Ich vermute, daß eine der beiden damit bis zum heutigen Tag auf der Haut, in den unzüchtigen Gummischlüpfer gesteckt, wie mit einem Kleinod rumläuft. Aber sie schickten mir einen amerikanischen Jungen, den sie in der Stadt kennengelernt hatten, auf den Hals. Einen pflaumenweichen Jüngling mit millimeterkurzem Bürstenhaar und dem Äußeren eines Teddybären, aber mit bösartigen hellen Augen. Er kam in seiner Eigenschaft als Kirchenältester der KIRCHE JESU CHRISTI DER LETZTEN DER HEILIGEN TAGE. Wahrscheinlich hatten sie ihm meine Zeichnung gezeigt, und er wollte jetzt seine Bekehrung damit beginnen, meine Erektion auf einen normalen Stand zu reduzieren unter dem Motto: Mein Erlöser hängt am Kreuz. Er begann zumindest damit, mir eine Karte zu geben, darauf das Farbfoto eines häßlichen Gebäudes, das die Kuppel eines Tempels bewacht, die wie ein mißratenes Ei aussieht. Der Latter Day Saints Tempel bei Salt Lake City in Utah. Als er eine Predigt über das Buch der Mormonen auf mich loslassen wollte, sagte ich ihm, die Amerikaner seien überhaupt nicht religiös. Sie dächten ausschließlich in harten Dollars. Er wüßte doch wohl auch, daß Mormon die Abkürzung für More Money sei. Er schüttelte den Kopf und blieb beherrscht. Man kann ja nicht gleich mit Napalm werfen. Aber als er drei kleine Figuren aus der Tasche holte, sie wie Halmapuppen auf den Tisch stellte und dabei erzählte, das seien die heiligen Apostel Peter, John und James, konnte ich es nicht lassen, mir den Hosenlatz aufzuknöpfen, meinen Riemen rauszuholen und zu sagen: »And this is the holy Habakkuk.« Kopfschüttelnd ist er weggegangen, nicht ohne Bedauern über das verlorene Absatzgebiet. Aber die drei heiligen Apostel hat er noch schnell wie Kleingeld von meinem Tisch gegrabscht. Und wiedergesehen habe ich ihn nie. Ihre anderen Freunde dafür nur zu oft. Blasse, herumstrolchende amerikanische Studenten, mit einem Stipendium, das zum Leben zu knapp und zum Sterben zu reichlich bemessen war. Sie schwärmten ruhelos durch das Niemandsland unpersönlicher Mädchenzimmer, die tiefen Taschen ihrer ausgefransten Armeejacken voll Puffmais, Kaugummi und Roggenbrot. Von Stavanger bis Neapel. Eines Morgens, als ich zur Dusche ging, zählte ich fünfzehn. Sie lagen auf dem Fußboden verstreut, in graue Pferdedecken oder indianische Lappen gewickelt, und schliefen oder käuten lustlos ein Stück Brot mit Erdbeermarmelade wieder. Ich ging hindurch wie durch eine Seehundkolonie. Vorsichtig, um nicht auf Schwänze oder Flossen zu treten.

Wenn einer mit einer Gitarre dabei war, sangen sie den ganzen Tag Volkslieder. Eine Art amerikanisches »WENN DER TOPF ABER NUN EIN LOCH HAT« oder »HORCH WAS KOMMT VON DRAUSSEN REIN«. Manchmal so laut, daß die Nachbarn mich anriefen und baten, das Radio leiser zu stellen. Wenn ich die Mädchen fragte, ob denn nicht ein Junge dabei wäre, mit dem sie ein Verhältnis beginnen möchten, weil ich hoffte, der Rest würde dann zum Abmarsch blasen, blickten sie unschlüssig vor sich hin. Und dann stellte sich heraus, daß einer »too hot to handle« war und der andere »chewing his gum too loudly«. Es blieben also nur Schläfer auf dem harten Fußboden, Fresser und Duscher. Und die Stalaktiten in meinem WC wuchsen beängstigend, gefüttert mit Bakterien, Kopfschuppen und Schorf aus allen fünfzig Staaten Amerikas. Als die Mädchen dann auch noch ein Dutzend Wellensittiche ins Haus holten und die frei im Zimmer rumfliegen ließen, so daß mir, wenn ich aus der Dusche kam, die Scheiße mit Federn zwischen den Zehen klebte und ich wegen der in meine Fußsohlen kerbenden, ätzenden Sittichsaat vor Schmerzen krummlief, war das Maß voll. Ich schmiß Uncle Sams Chlochards raus, riß die Fenster auf und schlug mit dem Teppichklopfer die Wellensittiche auf die Straße, als ob ich Badminton spielte. Den Mädchen, die blaß und heulend versuchten, mit ihren Tüll-Kopftüchern die Vögel aus den Sträuchern vorm Haus zu fangen, rief ich zu, sie sollten Leine ziehen mit ihrem Puffmais und sweet potatoes. Rücksichtslos und ab sofort würde ich ihnen das Zimmer kündigen, bevor die Scheißvögel mit ihren krummen Schnäbeln alle vier Wände ihres Zimmers bis auf den blanken Stein abgeknabbert hätten. Am selben Nachmittag sorgten sie noch für einiges Aufsehen in der Straße, als sie mit ihren Sachen auf einem Lieferdreirad abhauten, um sie herum ungefähr zehn Jungen, alle mit ein paar Wellensittichen in Fischkörben beladen; die Körbe hatten sie eilig in einem nahegelegenen Geschäft für Anglerausrüstung gekauft. Und sie kamen sogar noch zu mir und gaben mir die Hand. Etwas peinlich, denn ich hätte es eher begreifen können, wenn sie vorwurfsvoll gefragt hätten, ob das der Dank für die Marshallplanhilfe sei. Oder wenn sie mir jenen Spruch an den Kopf geworfen hätten, den sie zwischen all dem verwohnten Zeug an der Wand hatten hängen lassen: ONE WHO PUTS SALT IN THE SUGAR BOWL IS A MISANTHROPE.

Die Flügel des Hermes

Ich wußte, daß die Unterseite des Lehnstuhles, in dem er immer saß, eine Miniaturlandschaft von getrockneten Popels war. Er pulte sie mit dem kleinen Finger aus der Nase, drehte kleine Bälle, die er Kugeln nannte, und drückte sie sorgfältig an die Unterseite des Stuhles. Weil sie ihren Vater so gern mochte, war das eines der ersten Dinge, die sie mir über ihn erzählte. Ihre Mutter hatte sich halbtot geschämt. Nur weil diese Popelberge von der Putzfrau beim Saubermachen entdeckt worden waren. Die hatte erst gedacht, es sei Holzleim oder Harz und versucht, das Zeug mit den Fingernägeln abzukratzen. Aber selbst mit Hilfe des Brotmessers sprangen nur kleine Splitter ab. Sie haben dann die hellgrünen Reliefs einfach drangelassen, weil ja doch noch ganze Berge hinzukommen würden. Seine Frau konnte ihm nichts abgewöhnen. So gutmütig er auch war, wenn es um seine Popels ging, verhielt er sich wie ein trotziges Kind. Während des Essens faltete er auch stets seinen Salat zusammen, bevor er ihn in den Mund schob, weil sonst die Läuse hätten weglaufen können. Und wenn aus dem Radio der Radetzkymarsch klang, sang er mit, mit den Worten: Titten Arsch, Titten Arsch, Titten Arsch, Arsch, Arsch, Titten Arsch, Titten Arsch, Titten Arsch. Genau im Takt. Das tat er natürlich nur, wenn seine Frau nicht im Zimmer war. Aber am liebsten waren ihm »Die Jungen Luftikusse« mit Gesang von Peter de Boorder. Als Olga noch klein war, hatte sie sich eines Tages auf den Tisch erbrochen und angefangen zu heulen. Ihre Mutter war wütend vom Tisch weggelaufen, aber er hatte einen ihrer Teddybären genommen und den unter ständigem Neigen über das Gekotzte gehalten und gesagt: »Teddylein muß bechen. Teddylein muß bechen.« Grad so lange, bis sie zu lachen begann. Ich hatte den Mann gern, wie er mit seinem roten fleckigen Gesicht und dem quabbeligen Körper im Lehnstuhl festgeklemmt saß, wenn wir auf Besuch kamen; nach Atem ringend, die dicken Arme auf den Stuhllehnen – wenigstens wenn er nicht gerade wieder Kügelchen drehte. Jedes Mal aufs neue sagte er, daß die Amerikaner ein unzivilisiertes Volk seien und fragte immer wieder: »Kennst du den Witz von den zwei Jungens, die nach Paris gingen? Ha, die gingen nicht!« Und jedes Mal wieder saß er in seinem engen Stuhl und schüttelte sich vor Lachen. Oder: »Wer leckt die Königin von hinten?« Und wenn man ihn quasi fragend ansah, als ob man das zum ersten Male höre, sagte er: »Jeder, der eine Briefmarke klebt.« Und dann saß er wieder da und bebte sehr lange vor Lachen wie ein Pudding während eines Bombardements. Er war viel zu dick. Er war schon jahrelang auf Schonkost, von der er sagte: »Ha, was mich das schon kost', meine Schonkost.« Wenn wir bei ihren Eltern logierten, war seine Frau ihm ganz und gar umschmeichelnde Liebenswürdigkeit und Fürsorge. Nur eine Kartoffel und ganz wenig von dem mageren Bodensatz der Soße. Wegen seines Leberleidens. Denn er wurde mit jeder Woche noch verdammt gelber. Aber als Olga und ich einmal eher vom Tisch aufgestanden waren, weil wir ins Kino wollten, und ich noch mal ins Zimmer ging, um meine Zigaretten zu holen, hatte sie seinen Teller voll Kartoffeln geschaufelt und war gerade dabei, ein paar tüchtige Kellen Soße darüberzugießen. Sie sah mich feindselig und schuldbewußt an. Ich hatte sie erwischt beim Mord mit Geduld. Aber ich erzählte Olga nichts davon. Sie hätte sich nur Sorgen gemacht, ohne etwas ändern zu können. Niemand hätte seine Frau zu hindern vermocht, ihm sein Fett zu geben. Ich haßte die Frau. Nicht nur deshalb, sondern auch, weil sie mich, ich ging ja schließlich mit ihrer Tochter, immer mütterlich umarmen wollte, und ich so jedes Mal wieder fühlte, daß ihr eine vom Krebs zerfressene Brust abgenommen worden war. Der steife Stoff eines leeren Büstenhalters. Weil sie merken lassen wollte, daß sie noch mitzählte, fand man immer wieder im Badezimmer so eine in Zeitungspapier gewickelte Blutmaus auf einem Päckchen Monatsbinden. Auch kam sie dauernd in unser Schlafzimmer. Um das Frühstück zu bringen. So'n matschigen Schiß von einem weichgekochten Ei und Zwieback. Und dann blieb sie ein wenig zweideutig und widerlich lange rumhängen, so daß ich Tagträume davon bekam, wenn ich wieder allein mit Olga im Schwefellebergestank eines fachkundig gekappten Eis lag. Daß ihre Mutter die Decke wegziehen, meinen Pimmel in ihre Tochter stecken und sagen würde, während sie mich bei den Klöten griff: »Die Eier halte ich fest.« Und dann ihre eine Brust, mit

’ner Warze so groß wie ’ne Eichel, aus ihrem Morgenrock schütteln und bei Olga reinschieben würde. Und aus Rache, weil das Weib schon damals bei Olga hetzte, hätte ich im Badezimmer ihr künstliches Gebiß auf meinen Pimmel klemmen mögen und mir damit einen ins Waschbecken abschrubben können. Sie hatte ihren Mann im Krankenhaus kennengelernt. Er war Patient, sie Krankenschwester. Waschend, steißbeinreibend, temperaturmessend. Sie hatte sein Soll und Haben schon gesehen, bevor er ihr auch nur einen Kuß gegeben hatte. Er unförmig, gütig und wohlhabend. Sie hübsch, arm, gierig, und damals noch mit zwei Brüsten. Eine berechnende Frau, die für ihren Hund, einen Terrier, heimlich Mutterkuchen aus dem Krankenhaus mitnahm, und dem sie, wenn sie ihn rausließ und er sein großes Geschäft erledigt hatte, den Köddel mit WC-Papier abfegte. Ihren Kolleginnen gegenüber riß sie Witze über ihren dicken Patienten, und die antworteten: »Du wirst deinen Spott noch mal heiraten.« Genau das hatte sie schon lange mit sich ausgemacht. Sie verhätschelte und verwöhnte ihn so, daß sie ihn regelrecht vom Krankenbett ins Hochzeitsbett manövrierte. Innerhalb kurzer Zeit fütterte sie ihn so fett, daß sie auf ihn keine Rücksicht mehr zu nehmen brauchte, er sich beinahe nicht mehr bewegen konnte und nur noch fähig war, tief weggesackt in seinem großen amerikanischen Wagen von der Wohnung zum Geschäft zu fahren, einem Großhandel in Haushaltsartikeln, den er nach dem Tode seines Vaters »Hermes« getauft hatte. Sie hatte während des Krieges ein heimliches Verhältnis mit einem deutschen Offizier gehabt und war so sehr vorteilhaft zu einer enormen Menge Messer gekommen, auf denen er natürlich sitzenblieb, weil wegen des plumpen Modells die Herkunft klar war. Und noch zehn Jahre nach dem Krieg gab er sie als kleine Aufmerksamkeit seinen Geschäftsfreunden zum Geschenk. Wenn er heimkam, nachdem er den ganzen Tag atemlos hinter dem Schreibtisch gesessen hatte, war sie oft nicht da. Dann lief er ziellos durchs Haus und rief wie ein dickes krankes Kind. Olga kam dann von der Schule nach Hause in eine Atmosphäre von Verdruß, Verzweiflung und Mißtrauen. Denn er wußte schon lange, daß seine Frau bei den Freundinnen, mit denen sie angeblich Tee trinken ging, meistens ihre Kleider nicht anbehielt. Und so kam es, daß ein Freund der Familie, zu dem Olga auf Wunsch ihrer Mutter Onkel sagen mußte, als sie dreizehn Jahre alt war, am Strand zu ihr sagte:

»Wir haben die gleichen kleinen Zehen, siehst du? Du bist ein Kind von mir.« Schockiert und bestürzt dachte sie dauernd daran. Noch Jahre später. Als ihr Vater sich dann an die Abenteuer seiner Frau gewöhnt hatte, fand er es nicht einmal so unangenehm. »Sie ist eine hübsche Frau«, sagte er. »Ich bin nur ein Albino, ich kann schlecht sehen. Aber wenn eine Nadel fällt, höre ich, wo sie liegt.« Doch manchmal nahm er auf seine gutmütige Art Rache. Wenn er den Telefonhörer abnahm und wieder ein Musikus oder Schauspieler für sie dran war. Kam sie dann angelaufen, mit ihren rosa Plüschpantoffeln und den Kopf voller Lockenwickler, sagte er schnell, bevor er ihr den Hörer gab: »Here is cauliflower speaking.« Und einmal schlug er Olga wohlwollend auf den Hintern und sagte: »Du mußt aufpassen, ich lese hier gerade in der Zeitung, daß die kurvenreiche Blonde aus der Mode kommt.« Ihre Mutter hatte sie eifersüchtig angestarrt, als wollte sie ihr die Jugend rauben. Und mich machte das so geil! Die kurvenreiche Blonde. Ich lockte sie auf den Korridor, schubste sie ins WC und vögelte sie im Stehen. Als sie klarkam, mußte ich die Spülung durchziehen, weil sie sonst das ganze Haus zusammengeschrien hätte. Aber plötzlich war es mit ihm vorbei. Eines

Morgens sagte er, er fühle sich wie ein nasses Handtuch. Er ging wieder ins Bett und ist aus eigener Kraft nie wieder aufgestanden. Als wir dort ankamen, war er schon ziemlich weit weg. Seine Frau hörte mit ihm auf, wie sie mit ihm begonnen hatte: als Pflegerin eines dicken Patienten. Abends stellte sie alle Blumen aus seinem Zimmer auf den Korridor, so daß das ganze Haus einem Hospital glich. Und dauernd lief sie herum und schlug mit wegwerfender Bewegung des Handgelenks das Thermometer runter, wobei ich mich fragte, wo sie das wohl reinsteckte. Er war damals nur noch ein Haufen Matsch, und die Feuchtigkeit drang durch die Matratze, so daß im ganzen Haus eifrig mit Eau de Cologne gesprengt wurde, um den ekelhaften Fäulnisgeruch zu vertreiben. Olga saß den ganzen Tag und friemelte nervös und unbeholfen mit einem kleinen Taschentuch, ihre Wangen waren geschwollen, das Weiße ihrer großen braunen Augen blutunterlaufen. Und abends im Bett lag sie weich in meinen Armen und seufzte, das Gesicht mit nassen Haarsträhnen verklebt. Aber es war ein herrliches Bumsen, mit dem willenlosen, apathischen Körper. Ich hätte sie beinahe dazu verleitet, das Pessar nicht zu gebrauchen, denn es ist nirgends so sinnvoll, ein Kind zu machen, als über einem

Sterbezimmer. Nachts wurde sie oft wimmernd wach und rüttelte mich, bis auch ich wach war. Dann versuchte ich sie zu trösten. Und zitternd und heulend erzählte sie mir dann, sie habe wieder von dem Pferd geträumt. Das war eine Geschichte aus der Kriegszeit, die ein nach Deutschland zwangsverpflichteter Bekannter ihr erzählt hatte. Durch die vorrückenden Russen und die vor ihnen fliehenden Deutschen war er mit einigen hundert anderen in einen verlassenen Berliner Vorort gekommen. Die Bewohner hatten nichts Eßbares zurückgelassen. Wie die Ratten in der Falle, so saßen sie in einer Straße voller Schutthaufen, durch die die Granaten flogen. Plötzlich kam ein Pferd in die Straße. Sie hörten auf dem Pflaster die Hufe klappern. Alle drängten sich an die gesprungenen Fensterscheiben und blickten sprachlos auf das kopfscheu durch Trümmer und Abfall laufende Tier. Plötzlich flog eine Tür auf, und ein Mann rannte nach draußen, warf sich dem Pferd an den Hals und versuchte es mitzuziehen. Aber das Pferd stieg auf die Hinterhand und fiel um, mit dem Mann obendrauf. Sofort tauchte aus einem der Häuser ein zweiter Mann auf. Zu zweit schnitten sie einen Lappen Fleisch aus dem Hinterteil des Pferdes, das mit seinem durchdringenden Heulen das Getöse der Kanonen übertönte. Und immer wieder rannte jemand aus einem Haus, ließ sich auf das Pferd fallen und ging dann mit einem zukkenden, blutenden Stück Fleisch zurück. Es dauerte sicher eine Stunde, bevor das Wimmern aufhörte. Dann lagen da nur noch Fellstücke, Därme, Knochen und der Kopf des Pferdes mit dem offenen Maul voller gelber Zähne in einer riesigen Blutpfütze. Als ich Olga getröstet hatte und das Pferd mir durch den Kopf ging, sagte sie plötzlich: »Meine Mutter ist eine Hexe.« Dann schlug sie eine Hand vor den Mund, als wäre sie über ihre eigenen Worte erschrocken. Als ich sie ein Jahr später daran erinnerte, weil ihre Mutter ihr erzählt hatte, sie als hübsche Witwe würde von ihren Freundinnen gemieden, bestritt sie, das je gesagt zu haben. Nach ein paar Tagen starb ihr Vater. Wir durften abwechselnd noch mal zu ihm, ich zuletzt, weil ein Angeheirateter doch nie richtig zur Familie gehört. Sein Gesicht war eine formlose gelbe Masse, und in den wässerigen Quappen seiner auf das Kissen gesackten Hängebakken waren violette Adern, die rot ins Gewebe ausgelaufen waren. Er sah mich nicht an, aber als ich mich zu ihm setzte, schien er doch zu wissen, wer ich war. Er sagte jedenfalls mit einer fremden hohen Stimme: »Du nimmst meine Olga, ja?« Ich setzte mich in Positur, denn ich dachte, daß noch eine sentimentale Geschichte folgen würde. Daß ich gut für seine Tochter sorgen solle, weil sie doch sein Augapfel sei. Aber dazu war er zu anständig. Er sagte, und ich glaube, er versuchte dabei zu lächeln: »Kennst du den Witz von den zwei Jungens, die nach Paris gingen?« Er wartete eine ganze Weile. Dann sagte er mühsam: »Die gingen nicht.« Und das wiederholte er noch mal, kaum hörbar. Dann wurde er bewußtlos. Zwei Stunden später starb er, ohne wieder zu Bewußtsein gekommen zu sein. Von dem Augenblick an wurde das Haus ein hysterischer Hexenkessel. Immer wieder stürzte seine Frau ins Zimmer, und dann hörten wir sie voller Zerknirschung und Schuldgefühl schreien. Sie führte ganze Gespräche mit ihm, wobei sie ihn immer wieder dasselbe fragte. Und dann kam sie wieder schluchzend zu uns und fiel mir um den Hals und sagte, ich sei nun das Oberhaupt der Familie. Ich müsse die Bildhauerei aufgeben, damit könne ich ja doch nie auch nur trockenes Brot verdienen, und solle Direktor von »Hermes« werden. Der Schreck schlug mir ans Herz, denn ich sah mich schon mein ganzes Leben lang die plumpen deutschen Wehrmachtsmesser als kleine Aufmerksamkeit verteilen. Als er eingeäschert wurde, in Velzen, dem Supermarkt des Todes, bekam seine Frau noch Streit mit der Direktion, weil die nicht die Ouvertüre »La Donna Diana« von Reznitschek spielen lassen wollte, das war nicht feierlich genug. Er hätte wohl mehr vom Radetzkymarsch gehalten, aber darum zu bitten, kam ihr nicht in den Sinn. Sie wußte sehr gut, daß niemand aus der Familie den hören konnte, ohne ihn in Gedanken singen zu hören: Titten Arsch, Titten Arsch, Titten Arsch, Arsch, Arsch. Und so ist die Kiste denn doch noch mit einer Fuge von Bach durch das Podium nach unten gesackt. Und ich dachte, daß anstelle der Kränze mit Blumen und Schleifen auf dem Sarg der Stuhl mit den Popelbergen mit zum Ofen hätte versinken müssen. Denn das war der Gegenstand, der ihm am liebsten gewesen war. Als wir einige Monate später Olgas Mutter besuchten, die eifrig damit beschäftigt war, alles für ihre Wintersportreise vorzubereiten, war der Stuhl verschwunden. Und niemand wußte, wo er geblieben war.

Laudatio auf einen Pelz

Wie ich sie kennengelernt habe. Eigentlich zweimal, die rote Teufelin. Aber so nannte ich sie erst viel später, nachdem sie mit dem schlappen Pinsel von mir weggegangen war und ihr Zeug bei mir abholen kam – eine Nähmaschine, einen Staubsauger und noch anderen Scheißkleinkram – und plötzlich so giftige Hexenaugen wie ihre Mutter machen konnte. Vielleicht nur darum, weil ich sie stehend vor dem Spiegel vögeln wollte, während ihr Liebhaber, der Angst hatte, ich könnte sie belästigen, vor der Tür auf Posten stand. Sie schlug den Rock wieder über die Batzen und stampfte wie eine Schullehrerin mit dem Fuß auf den Boden. Und dann mußten wir beide ein bißchen kläglich lachen. Ich, weil etwas, was so normal zwischen uns gewesen war, plötzlich nicht mehr möglich sein sollte. Warum sie lachte, weiß ich nicht. Sie hatte ihren Liebhaber hereinholen wollen, um ihn mir vorzustellen. Aber ich hatte gesagt, daß ich ihm, wenn er nur einen Schritt über meine Schwelle käme, mit einem Knüppel den Schädel einschlagen würde. Und sie wußte, daß ich das ganz bestimmt getan hätte. Ich sah sie zum ersten Mal, als ich als Anhalter an der Landstraße stand. Irgendwo in der Gegend von Roermond. Es war Glatteis und die Windschutzscheibe ihres Autos beinahe undurchsichtig. Sonst hätte ich nicht mal mit dem Daumen die typische Bewegung gemacht. So eine hübsche Biene in einem großen amerikanischen Straßenkreuzer. Ich studierte Bildhauerei in Amsterdam. Auf der Reichsakademie. In den fortgeschrittenen Klassen gingen wir in den Wintermonaten auf Einladung der Gemeinde Valkenburg Reliefs in die Grotten des St. Pieterberges hacken. Mehr als lebensgroße Darstellungen, von denen Bürgermeister und Stadtrat erwarteten, daß sie den Tourismus günstig beeinflussen würden. Ich arbeitete an der Erweckung des Lazarus. Aber ich hatte nicht mehr viel Lust dazu, weil ich den Kopf von Christus verpfuscht hatte. Da hatte ein versteinerter Seeigel dringesessen, und um den unbeschädigt herauszuholen, hatte ich

zuviel Mergel weggehackt. Ein Paar Tage spä-
ter zerfiel das Fossil, das ich aus dem Kopf des
Gottessohnes befreit hatte, wie ein Klumpen
Puderzucker in der Halle des Hotels zu Staub.
Am gleichen Abend bekam ich Ärger mit dem
Geschäftsführer, weil ich Bemerkungen über
das Essen gemacht und außerdem die Saaldek-
ke beschmutzt hatte. Es war tatsächlich ein
ekelhafter Fraß, den man uns da vorsetzte.
Jagdschüssel. Große Brocken Fleisch in brau-
nem Kleister. Als ob's jemand mit Dünnschiß
durchgewürgt hätte. Künstler sind gefräßig und
kritiklos. Die anderen hauten sich die Teller
schon kräftig voll, als ich plötzlich die Schüssel
wegschob und mit der Faust auf den Tisch
schlug. »Das ist Walfischfleisch!« schrie ich. Die
anderen kosteten auf einmal ganz vorsichtig,
als ob Gräten drin sein könnten. Es wurde ge-
schmeckt, gerochen, geurteilt. Der Ober wurde
gerufen. Der konnte nichts bestreiten, fand
aber den Namen Jagdschüssel berechtigt. Die
Wale waren vor Jahren gefangen und für den
Verbrauch konserviert worden. Aber man kann
das Volk nicht alles fressen lassen, und so wa-
ren sie zu Dumpingpreisen in die Hotels ge-
kommen, weil man dachte, daß die hungrigen
Touristen sich die Wampen bis zum Platzen
mit den größten Leichen der Welt vollschlagen

würden. Niemand wagte einen Happen zu essen, und manche gingen zur Toilette, um den Mund auszuspülen oder zu kotzen. Es wurde abgeräumt, und wir bekamen kein anderes Essen. Nur noch rosa Pudding, die Nachspeise. Und der Pudding war so hart, daß er, als wir ihn aus Trotz gegen die Decke schleuderten, keine Spuren im Kalk hinterließ. Am folgenden Tag wurde ich zum Direktor des Hotels gerufen, einem Mann mit bleichem, aufgedunsenem Gesicht und einem in seinem wabbeligen Hals verschwundenen Kinn, der eigentlich eine Hasenscharte hätte haben müssen. Er sagte in der seltsamen Sprache von denen da unten – darum haten im Mai 1940 die Deutschen erst gemerkt, daß sie auf feindlichem Gebiet waren, als sie schon bis Brabant durchgestoßen waren –, daß ich meinen Mitstudenten den Appetit gründlich verdorben hätte. Daß ein herrliches Gericht, das im Sommer von vornehmen deutschen und belgischen Besuchern sehr gut beurteilt würde und auf der Karte als Ragout de Viande et de Légumes angegeben sei, durch mein Zutun in der Mülltonne gelandet sei. Daß er sich bei der Stadt beschweren werde und daß ich nach Amsterdam zurückgeschickt werden würde. Ich sagte, er könne sich die Mühe sparen, denn in einigen Tagen, wenn der Karneval vorbei wäre, würde ich auch ohne sein Eingreifen abhauen. Und so machte ich das auch noch mit. Wie die ganze Bevölkerung des Städtchens, die das ganze Jahr keine andere Frau oder keinen anderen Mann anzusehen gewagt hatte, in die Horizontale ging. Wenn man unverhofft ins eigene Hotelzimmer hereinkam, sah man geradewegs in die Fotze einer fremden Frau, während ein halbbesoffener Kerl neben dem Bett stand und seinen Pimmel aus dem Hosenlatz fummelte. Sah, wie zu Samen verarbeitetes Bier in Gängen und Korridoren unordentlich in die Damen gespritzt wurde beim Herumhopsen und Singen eines Liedes, das ich behalten habe: *Ja, die Stramme, ja die Dicke will ich putzen, ja, die Dicke will ich haan! Sie macht mich hie, sie macht mich ha, sie macht mich falderaldera.* Bevor die männlichen Bewohner der Stadt am Aschermittwoch, die Flecken der getrockneten weißen Flut am Hosenlatz, aber die Stirn voller Vergebung, wieder zu sich gekommen waren, war ich schon verschwunden. Außer meinen eigenen Sachen hatte ich in meinem Seesack noch einen kurzen, prächtig blau schimmernden Pelz mitgehen lassen, den ich wie ein Lumpenstück auf dem Korridor gefunden hatte, mit einem klebrigen Flecken darin als Beweis dafür, daß der Kalte Bauer auf dem guten Stück gelandet war. So kam es also, daß ich in der Gegend von Roermond an der Straße stand. Es war Glatteis, und ich sah meinen Atem wie die Sprechblase einer Comic-stripfigur. Meine Schuhe froren am Boden fest, und die Hose war bedeckt mit einer dünnen Eisschicht und krachte, wenn ich mich bewegte. Aber alles Elend war schnell vergessen, nachdem ich einmal mein Gepäck in den Kofferraum geworfen hatte und ins weiche Polster versunken neben ihr in dem großen Schlitten saß, der sofort von innen beschlug, als das Eis schmolz und mir die Hosenbeine kalt an den Schenkeln klebten. Manchmal mußte sie plötzlich das Tempo drosseln, weil große Zweige auf der Straße lagen, die, zu schwer mit Eis beladen, wie Streichhölzer abgebrochen waren. Dann sah ich, daß sie ihre Beine so elegant bewegte, als spiele sie auf den Pedalen einer Hammondorgel. Die Landschaft wurde an beiden Seiten unseres Autos vorbeigezogen. Schlampige Bauernhütten zwischen wüstem Weideholz und ockergelbem Schilf. Scheißlangweilig eigentlich, wenn man nicht neben einer tollen Puppe saß, mit so einem glänzendem Schaltbrett vor einem, aus dem Cliff Richard Living Doll sang. Got the one and only walking talking living doll. Wenn man, wie zum Beispiel der Bauer da, mit dem Schal um den Kopf auf dem Fahrrad durch so'n Wetter müßte. Kam die Sonne ein wenig bleich durch die Wolken, dann glänzten die Bäume, als stünden sie in geschmolzenem Glas. Und manchmal schien es, als tauche man mitten hinein. In einer scharfen Kurve. Immer wieder blickte ich kurz zur Seite, auf ihr Gesicht. Ihre molligen Wangen mit Sommersprossen. Das herrliche rote Haar, von dem ich wissen wollte, ob es echt war, und als sie ja gesagt hatte, sagte ich irgend etwas von venezianischem Blond. Ich hatte sie lachend angesehen, als ich etwas später mit Cliff Richard sang: Look at her hair, it's real. Inzwischen hatte ich überlegt, ob ihre Achsel- und Schamhaare wohl auch rot seien. Und ich setzte mich etwas weiter von ihr weg, damit ich, wenn sie zur Seite sah, wenigstens ihre Augen bewundern konnte, ohne sofort rettungslos verzaubert zu sein. Herrliche Augen. Die schönsten, die ich jemals in meinem Leben gesehen hatte. Braune Augen. Wie Gold. Ich mußte an einen Freund denken, der Biologie studierte und einmal zu mir gesagt hatte, als er eine mollige Kröte in der Hand hielt: »Wenn ich jemals einem Weib mit solchen Augen begegnen sollte, frage ich sie sofort, ob sie meine Frau werden will.« Er hatte danach »verdammte Scheiße« gerufen und das warzige Biest ins Terrarium zurückgesetzt, weil es ihm auf die Hand gepißt hatte. Aber das würde mich bestimmt nicht bremsen. Als wenn einem ein Engel auf die Zunge pinkelt. Während ich auf ihr Gesicht mit den Sommersprossen blickte, dachte ich daran, daß ich, den Zigarettenstummel lässig zwischen den Lippen, wohl wieder einen sagenhaften Halunkenkopf haben müßte. Weil sie überhaupt nicht davon zu reden aufhörte, daß ich Künstler war, erzählte ich einige Geschichten, so richtig aus dem Amsterdamer Bohemienleben gegriffen. Natürlich nicht zu schlimme Sachen. Ich wollte sie nicht unter dem Dreck und Gift des wirklichen Künstlerlebens begraben, indem ich mir auf die Brust trommelte und ihr mit der brünstigen Stimme des angreifenden Tiermännchens imponierte. Ich erzählte, daß ich auf der Akademie einmal ein blondes Nacktmodell in den Kleitrog gelegt und es ganz und gar mit dem fetten grauen Zeug eingeschmiert hatte. Sie hatte gegirrt und gebissen und sich danach wohl eine Stunde in allen möglichen lüsternen Stellungen windend an der Wasserleitung mit alten Lappen abgerieben. Ich erzählte nicht, daß sie Rache genommen hatte. Herrliche Rache. Als alle anderen weg waren, hatte sie mich plötzlich gegen die Wand gedrückt und mir an Ort und Stelle einen runtergeholt. Und als der Samen kam, hatte sie ihn mit einer lässigen kräftigen Handbewegung auf den Fußboden geklatscht und gesagt: »So!« Dann war sie mit ihrer Schultertasche wedelnd aus dem Klassenraum gegangen. Und ich erzählte, daß wir einmal im Anatomieraum zwei Skelette in paarender Stellung aufeinander gelegt hatten. Als der Dozent hereinkam – Liebesknochen genannt, weil er eine kleine Mutzpfeife rauchte und alle Skelette liebevoll wie Mädchen behandelte –, tat er so, als hätte er selbst die knochenknirschende Fickerei ineinander geklemmt. Ohne mit der Wimper zu zucken, ging er sofort dazu über, alle Muskeln zu behandeln, die bei einer derartigen Tätigkeit in Aktion sind. Und die Mädchen hatten mit roten Köpfen dagesessen, und alle bekamen wir auf die Dauer Kopfschmerzen. Er brauchte drei Stunden. Als er die Skelette auseinandermontierte und vom Boden aufhob, hatte er genüßlich den Rauch aus seiner Pfeife durch einen Brustkasten geblasen und gesagt: »Wenn ihr nun auch noch wissen wollt, wie es geht, wenn die Frau oben liegt, müßt ihr sie nächste Woche wieder bereitlegen.« Sie lachte mit hochgezogenen Mundwinkeln und bebendem Bauch. Als wir einen Lastwagen überholten und sie wegen der glatten Straße beide Hände auf das Lenkrad legen mußte, legte ich plötzlich meine Hand auf ihre Knie, die gerade unter ihrem Rock hervorguckten. Und das waren keine knochigen Dinger mit gräßlich vorstehender Kniescheibe und auch keine formlosen Milchbrötchen. Das waren herrliche imponierende Plastiken. Um mit unserem Kunstprofessor zu sprechen, wenn der mal wieder über griechische Bildhauerkunst laberte. Und schließlich und endlich hatte ich ja auch nicht umsonst jahrelang Anatomie gehabt. Sie schob meine Hand nicht zurück, nachdem wir den Lastwagen überholt hatten, sie kniff auch die Schenkel nicht zusammen, als ich an der Innenseite etwas nach oben glitt. Deshalb machte ich ihr den Vorschlag, an den Straßenrand zu fahren und ein wenig zu schmusen. Ich sah, daß sich ihre Augen verschleierten. Darauf faßte ich sie mit der anderen Hand in den Nacken und kitzelte sie zart am Haaransatz und zupfte vorsichtig mit den Fingerspitzen an ihren Ohrläppchen wie eine Dohle. Sie schoß auf den Haltestreifen, und noch bevor der Wagen wirklich stand, lagen wir einander in den Armen. Sie glitt breitbeinig nach unten, so daß ich ihr Höschen wegschieben konnte und meine Finger freies Spiel in ihrer feuchten Spalte hatten. Im Nacken war ich mit einer Hand in ihren Pullover gekrochen und streichelte ihren Rücken, der, wenn sie sich vor Genuß nach vorn beugte und ich das schummerige Tal zwischen ihren Schulterblättern sehen konnte, mit dunklen Flecken übersät war wie die Rückseite der Fauteuils im Royal Kino. Und sie streichelte mit der linken Hand – Gott sei dank trage ich links – erst beinahe zufällig und dann zielbewußt das Stück Hartgummi oben im Hosenbein meiner immer noch feuchten Jeans. Sie kratzte mit den Nägeln über den Stoff und hätte ihn am liebsten in Fetzen gerissen. Mit den Nägeln der anderen Hand zog sie Furchen auf meinen Rücken. Mein Hemd hatte sie hinten aus der Hose gezerrt und ihre Hand hineingeschoben. Wie bekam ich sie ganz vom Lenkrad weg auf meine Bank? Wollte sie überhaupt zwischen ihren Schenkeln angebohrt werden? Vorsichtig begann ich sie ein wenig zu schieben. Ohne daß ich sie etwas hätte bitten müssen, glitt sie liebkosend und geschmeidig unter mich. Ihr Höschen zog ich nur noch weiter nach unten, um sie nicht durch eine umständliche Handlung wieder zur Besinnung kommen zu lassen. Denn sie war vollkommen weich und weit weg vor Geilheit. Als ich sie dann anstach, sagte sie in

Trance: »Mach mir kein Kind, bitte. Mach mir kein Kind.« Und das wiederholte sie immer wieder, wenn sie kam und sie aus meinem Gekeuche zu hören glaubte, daß auch ich klarkäme. Aber ich hielt es stets zurück: ich sah, wenn ich beinahe soweit war, ganz nüchtern einen Behälter an, der auf der Rückbank stand und auf dem in ordinären roten Buchstaben stand: Hermes GmbH – Großhandel in Haushaltsartikeln. Als es bei mir doch kam, schoß ich zurück und stieß mir schmerzhaft den Rükken an all den glänzenden Knöpfen und Hebeln der Zigarettenanzünder, Licht hier und Licht da und noch mal Licht, Radio und Windschutzscheibenbewässerung. Genauso geschmeidig, wie sie gekommen war, rutschte sie wieder weg, zog die Unterwäsche zwischen ihre Beine und streifte dann zufrieden den Rock bis an die Knie. Sie fragte nur, während sie vor dem Rückspiegel den Mund straff zog und mit angefeuchtetem Finger ein paar Fusseln des Lippenstiftes wegwischte: »Ist auch nichts reingekommen, Liebster?« Liebster, dachte ich, ich werd' verrückt, Liebster. Sie hatte das so echt gesagt, sah in mir also nicht irgendeinen Deckhengst, den sie einfach drauflassen konnte. Oder vielleicht doch? Und doch, Liebster. Ich zeigte ihr, was da an der Sitzbank langlief.

Und danach guckte sie dann auch wieder mit so einem umflorten Blick. Ich sagte, ein wenig mackiemesserig: »Kein Tropfen, Liebste.« Und dann lachten wir alle beide. Während ich den Schlamm flüchtig mit dem Taschentuch abwischte, fragte ich sie, ob sie mich ein bißchen gern habe. »Ein großes bißchen. Sonst hätte ich niemals für dich angehalten. Ich nehme nie jemand mit. Einzig und allein dich.« Ich fand sie so lieb, daß ich, als ich meinen Reißverschluß dichtmachte, ganz einfach vergaß, daß mein Lümmel noch nicht in der Unterhose saß. Ich brüllte vor Schmerz und konnte mich überhaupt nicht mehr bewegen. Das Fell meines Pimmels klemmte zwischen den kupfernen Zähnen des Reißverschlusses. Erst lachten wir darüber, denn ich dachte, ich würde ihn wohl befreien können, so wie früher die Haut am Hals aus dem Reißverschluß des Pullovers. Ich sagte, daß ich jetzt gern den Erfinder des Reißverschlusses aus der Geschichte von Kurt Tucholsky zur Hilfe gehabt hätte. Aber die kannte sie nicht. Wie ich auch fummelte, ich bekam das vermaledeite Ding nicht auf. Es sah aus wie echtes Menschenfleisch, das in die Weiche einer Straßenbahnschiene gekommen ist. Und durch den Schmerz blieb der Riemen auch noch possierlich und steif mit seinem roten Kopf nach oben zeigend stehen, während das eingeklemmte Fell veilchenblau wurde. Bei der geringsten Bewegung hätte ich meinen Schmerz am liebsten in die Welt geschrien. Es gab keine andere Möglichkeit, als den Reißverschluß vorsichtig mit einer kleinen Zange auseinanderzukneifen. Aber da war verdammt und zugenäht in dem ganzen großen Auto keine einzige kleine Zange. Ich sagte zu Olga, daß sie irgendwohin fahren müsse, daß wir irgendwo 'ne Zange leihen müßten. Sie dachte erst an eine Reparaturwerkstatt. Aber da kann man wohl kaum sagen, wenn die Leute die Motorhaube öffnen wollen, daß es die eigene Leitung ist. Sie wischte die beschlagenen Fenster ab und fuhr dann langsam an, denn beim geringsten Stoß brüllte ich wie eine gebärende Frau. Sie bog in den erstbesten Seitenweg und hielt vor einem Bauernhäuschen. Ich sah sie mit ihrem hübschen Arsch die Vortreppe rauflaufen. Klingeln. Eine dicke Frau mit vorgebundener Schürze öffnete. Sie sprach zu ihr. Viel zu lange. Was für einen Schmus probierte sie denn in Himmelsnamen zu verkaufen? Wo zum Teufel blieb die Zange? Ich sah durch die Scheibe, kotzelend vor Schmerzen. Die Frau schlurfte nach hinten. Dann erschien ein verhutzeltes Männchen in verschossenem blauen Kittel in der Türöffnung.

Es schien ein verdammtes Wetterhäuschen zu sein. Wieder zu viel Gequatsche. Kein Wunder, daß Marx so wenig Vertrauen ins Landproletariat hatte. Sie sind wohl gut, aber langsam von Begriff. Als das Männchen endlich mit der kleinen Zange ankam, wollte es auch noch mitgehen. Mit Mühe konnte sie es halbwegs auf dem Treppchen zurückhalten. Dann mußte ich Stückchen für Stückchen den Reißverschluß kaputtkneifen, während wir aus der Bauernhütte über die Fuchsien oder was weiß ich für Grünzeug belauert wurden. Endlich konnte ich die Kupferbrocken, die wie Widerhaken im Fleisch saßen, einen nach dem anderen aus meinem gequälten Glied popeln. Eine echte Fischerarbeit, die mir das Wasser unter die Zunge trieb. Olga saß da mit ängstlichem Gesicht und glotzte; aber meistens sah sie lieber gar nicht hin. Dann legte sie vorsichtig ihre Hand auf meinen Schenkel und sagte irgend etwas, daß Gott sofort straft ... Als es vollbracht war und ich meinen Stengel wie einen verwundeten Gallier behutsam in meine Unterhose bettete, brachte Olga die Zange zurück. Die Tür wurde geöffnet, bevor sie geklingelt hatte. Und wir wurden nicht mehr beobachtet. Die Leutchen hatten sicher nur die kleine Zange im Kopf gehabt. Hatten Angst gehabt, wir könnten damit abhauen. Bevor Olga zurückkam, stieg ich mit meinem blessierten Körperteil vorsichtig aus und holte den Pelz aus dem Kofferraum. Ich fand, nachdem ich mich halb gehäutet fühlte, daß sie den Pelz verdient hatte. Sie sagte, daß es Blaufuchs sei. Ein sehr kostbarer Pelz. Als sie fragte, wie ich dazu gekommen wäre, sagte ich, ich hätte ihn gegen ein Fossil eingetauscht, das ich beim Hacken im Jesuskopf gefunden hätte. Sie fragte nicht weiter, drehte den Wagen und fuhr zurück zur Straße. Wir schwiegen ein Weilchen, denn was hätten wir sagen sollen. Doch wohl kaum, daß sie so'n Mitleid mit meinem Pimmel hätte. Oder, wie geht's jetzt mit deinem Schwanz? Schließlich kannten wir uns erst ein paar Stunden. Aber plötzlich begannen wir zu lachen. Gleichzeitig. Stets heftiger. Ich schlug mir so kräftig auf die Schenkel, daß ich vor Schmerzen vornübergebeugt sitzen blieb. Und ich glaube, daß durch das Lachen der Unfall passiert ist. Sie fuhr auf einmal auf der linken Straßenseite, als jemand aus der anderen Richtung kam. Um ausweichen zu können, mußte sie so hart gegensteuern, daß wir ins Schleudern kamen. Sie schrie auf, als ob sie plötzlich zu schweben begänne. Das Auto drehte sich um die Achse. Ich sah die Bäume am Weg tanzen, als wenn sie entwurzelt wären. Dann schoß der Wagen über die Straße und prallte frontal gegen einen Baum. Ich flog vornüber. Es war, als würde ich mit unvorstellbarer Geschwindigkeit in einen Eistunnel geschossen. Ein Stakkato harter Schläge. Mein Mund war voller scharfer Brokken. Ich spuckte sie aus. Meine Zähne, fuhr es mir durch den Kopf. Mein Gesicht war lauwarm. Als ich darüberstrich, war meine Hand rot und klebrig. Ich wagte nicht, meinen Kopf zu befühlen, weil ich dachte, dann ungehindert in meinem Gehirn wühlen zu können. Dann sah ich zur Seite zu Olga. Ich bekam einen Heidenschreck. Sie sah aus, als wäre sie tot. Sie lag vornüber, das Lenkrad in den Rippen und die Zunge aus dem Mund. Ihre Augen waren offen. Ich hatte das Gefühl, da 'ne Stunde gelegen und nach ihr gesehen zu haben, bevor ich die Tür aufstieß. Dann zerrte ich sie nach draußen. Der Pelzmantel saß zerrissen an ihrem Körper. So eng, daß ich Angst hatte, sie könnte nicht mehr atmen. Ich zog ihn ihr aus und warf ihn weg. Danach hob ich sie in meine Arme und stolperte zur Straße. Das Blut tropfte von meinem Kopf auf ihr Gesicht und lief ihr dann am Hals entlang in die Kleider. So stand ich da mit ihr. Und ich heulte, weil ich dachte, sie sei tot. Drei Autos fuhren an mir vorbei. Ich konnte kein Zeichen geben. Ich hielt sie hoch und schrie. Aus zwei Autos sahen mir die Fahrer direkt ins blutige Gesicht. Aber sie fuhren hastig weiter. Den Schmutz nicht in mein Auto. Und dann kam da ein altes englisches Autochen an. Ein Morris aus der Kriegszeit. Der hielt. Ein schmächtiger Engländer stieg aus und kam mit ausgestreckten Händen auf mich zu und sagte ganz ruhig: »Can I help you, Sir?« Als ich ihm Olga übergab, sackte er in die Knie und zusammen fielen sie vor meinen Füßen auf die Straße. Sie den blutigen Kopf gegen seinen hellen Regenmantel gedrückt. Wie er uns doch noch hinten in sein kleines Auto und zum Krankenhaus bekommen hat, ist mir nie ganz klargeworden. Ich dachte, Olga wäre von allein aufgestanden, aber das wußte sie später auch nicht mehr. Auch nicht, daß sie gerufen hatte: »Das Auto, oh, das schöne neue Auto.« Aber ich weiß noch, daß ich, als ich mit meinen Armen um ihren zitternden Körper auf der grünledernen Rückbank saß, mit der Zunge die Rückseite meiner Zähne befühlte. Und dann sah ich nach draußen zu ihrem Auto, dem Wrack, das da so plötzlich aus unserem Auto geworden war. Die Windschutzscheibe war weiß wie Schnee, und an der Stelle, wo ich mit dem Kopf aufgeschlagen war, war eine Beule mit einem kleinen Loch darin. Mir ging auf, daß ich davon kleine Glasstückchen in den Mund bekommen hatte. Auf dem Wrack und rundherum lagen wie gesät Eisstückchen, die durch den Aufprall aus dem Baum gefallen waren. Und zwischen dem glitzernden Krempel lag zerfetzt wie ein totgefahrenes Tier der Pelz.

Someday Sweetheart

Wir hatten es gesehen, das Kabinett mit den Kuriositäten der Natur. Das Schienbein, das in einen Baum verwachsen war. Ein Kalb mit Hasenscharte. Das mongoloide Kalb mit »Hundekopf«, geboren bei Bauer Herms in Windschoten am 3. April 1952. Konzentrationslagerpeitschen, dick beschmiert mit Blut. Den DOPPELTEN KALBSKOPF. Farbloser Glibber in trüber Flüssigkeit. Es konnten genausogut Glasglocken mit halbverwester Saurer Rolle sein, mit viel Glück bei einem pleitegegangenen Dorfmetzger ergattert. Aber dann entdeckte man plötzlich ein bleiches Auge darin. Wie ein Knopfloch in schmutziger Unterwäsche. Erzfeind Nr. 1, DER KREBS. DAS MÜSSEN SIE SEHEN! Wir hatten's gesehen, und sie lief da rum, konnte nicht aufhören, sich zu gruseln. Vielleicht, weil sie an ihre Mutter dachte. Aber davon wußte ich damals noch nichts, von dem amputierten Balkon. Ich sah Olga zum zweiten Mal auf der Terrasse der Krapfenbude im Schatten der Bäume am Nieuwmarkt. Noch nicht mal zwei Monate nach dem Unfall. Darum hielten wir uns in sicherer Entfernung von den Autoskootern, ohne ein Wort oder einen Witz darüber zu verlieren. Aber wir fuhren mit einem verrosteten Vehikel auf der Geisterbahn. Sie saß nun rechts von mir, und es war so, als ob wir im Traum den Autounfall noch mal bauten. Still saß sie neben mir, an mich gelehnt, und sie kreischte nicht, als uns Drähte durchs Gesicht strähnten, eine kalkige Spinne mit kokosnußgroßem Leib in einem Netz aus Ankertau unvermutet dicht vor uns bläulich aufleuchtete und plötzlich in einem Skelett ein Lämpchen brannte. Nur das Stückchen Straße, das dann für einen Moment in dem stockdunklen Raum erleuchtet wurde, war angsteinjagend, wie auch die schwachen Nahtstellen, an denen man sehen konnte, daß das Bauwerk aus losen Schotten zusammengeflickt war, die sich vielleicht ineinander verschieben könnten, um einen in eine grausige Grube voll Tod und Verderben zu jagen, wie in der Erzählung von Poe. Als wir aus der Dunkelheit herausfuhren, durch Klapptüren, die am Ende enormer Rippen saßen, die als Bogen über uns standen, da schrie sie auf. Sehr laut und durchdringend. Und sie drückte ihr Gesicht gegen meinen Pullover. Ich half ihr aus dem Fahrzeug, und ins helle Licht blinzelnd verließen wir, sie etwas verlegen, den Kirmesplatz. Wir drängelten uns durch das Drops lutschende, Zuckerspinnen kauende, mit großen Plüschbären spielende und büchsenschießende Publikum. In den Ohren das Geschmetter der Musik und das Gekreische und Gedröhne der Karussells. Als ich sie da auf der Terrasse sitzen sah, spürte ich wieder das Glas der Windschutzscheibe in meiner Schnauze. So froh war ich, daß ich das rote Biest wiedersah. Und sie, daß sie mich sah, denn sie strich mir das Haar aus der Stirn, um nach den Narben zu sehen. Ich hatte noch mehr Wundmale, aber danach fragte sie nicht. Ich hätte auch kaum meinen Riemen aus der Hose holen können, um ihr zu zeigen, daß die rosa Fleckchen noch nach acht Wochen zu sehen waren. Als hätte jemand mit einem abscheulichen quadratischen Gebiß den Abdruck seiner Zähne hineingestanzt. Ich war zwei Monate nicht zur Akademie gegangen. Die ersten Wochen nicht, weil ich von dem Unfall so verdammte Muskelschmerzen hatte und nur ganz vorsichtig mit einem Spazierstock rumlaufen konnte, und mit Sonnenbrille im Gesicht, weil meine Augen weh taten und ich alles doppelt sah. Und doch hatten sie in Eindhoven im Krankenhaus, wo sie mich geröntgt und so hart auf meinen Kopf gedrückt hatten, daß ich dachte, man wolle mir das Genick brechen, gesagt, ich hätte keine Gehirnerschütterung. Und danach war ich mehrmals in der Woche nach Alkmaar gefahren, in der Hoffnung, sie dort zu treffen. Ich hatte Stunden im Hauseingang gegenüber von ihrem Geschäft gestanden. Auf das runde, blauemaillierte Schild, auf dem ein goldener Hermes komplett mit Helm, Stab und Flügeln an seinen Knöcheln stand, hätte ich gern geschrieben: ICH LIEBE DICH! ICH WARTE AUF DICH, KOMM ZU MIR. ICH VERGESSE DICH NIE! Ich sah nie, daß sich hinter den Fenstern über dem Geschäft, wo sie wohnten, etwas bewegte. Und wenn ich anrief, dann sagte die abweisende Stimme eines Bürofräuleins: »Hier Hermes AG.« Ich legte dann schnell den Hörer auf, ohne etwas zu sagen. Denn wenn ich zu lange zögerte, dann sagte dieselbe Stimme kalt: »Sie brauchen nicht mehr anzurufen, das wissen Sie doch. Sie werden ja doch nicht mit Fräulein Olga verbunden.« Wenn ich damals etwas von den Messern aus dem Krieg gewußt hätte, hätte ich mich, nur um länger mit dem Haus, in dem sie wohnte, in Verbindung zu bleiben, als Vorsitzender eines Campingvereins ausgegeben, der auf der Suche nach stabilen Bestecken war. »Die Messer dürfen ruhig aus dem Krieg sein. Es macht überhaupt nichts, wenn ins Metall zum Beispiel der Stempel GOTT MIT UNS geprägt ist, oder HEIL HITLER oder WIR HABEN ES NICHT GEWUSST.« Na ja, so weit war ich damals noch nicht in die Geheimnisse des Geschäftslebens eingeweiht. Als ich zum ersten Mal anrief und nach Olga fragte, wurde ich weiterverbunden und kriegte ihre Mutter. Die hatte nicht die Absicht, Olga für mich ans Telefon zu rufen. Und daß wir gemeinsam gerade noch dem Tod von der Schippe gesprungen waren, sagte ihr auch nichts. Es war schon schlimm genug wegen des funkelnagelneuen Autos. Und sie sagte, falls ich Olga belästigen sollte, würde sie Maßnahmen ergreifen, die ich nicht besonders angenehm finden würde. Katzenfreundlich natürlich: Mein Mann und ich legen keinen Wert darauf, daß unsere Tochter derartige Verbindungen anknüpft. Was meinte sie? Daß ich ein zukünftiger Künstler war und von mir nicht erwartet werden konnte, jemals trockenes Brot zu verdienen? Oder meinte sie damit ein Individuum, das bei der Tochter mit offenem Hosenstall im Auto sitzt? Denn das hatte sie zweifellos von der Polizei gehört. Die hatten überhaupt nichts davon geglaubt, daß ein Reifen geplatzt war und Olga dadurch die Gewalt über das Lenkrad verloren hatte. Die fingen davon an, daß wir so jung waren und sie gut begreifen konnten, daß wir Arm in Arm saßen oder ein wenig schmusten. Und sie wurden schließlich anzüglich und meinten, daß einer von uns, oder vielleicht alle beide, mit den Händen an der verkehrten Stelle gewesen wäre. In dem Wrack, das auf dem Innenhof der Polizeiwache an einem Abschleppwagen hing, hatte ein Polizeihund sicher einen Tropfen unverfälschten Geilsaft aufgespürt. Und dauernd sahen sie mißtrauisch nach meinem offenen Hosenlatz, der wie ein weißes Dreieck unter meiner Jacke hervorlugte. Aber sie hätten auch auf den Gedanken kommen können, daß der beim Unfall aufgerissen worden war, denn auch die Hosenbeine meiner Jeans waren voller Risse, wie die Rinde eines wachsenden Baumes. »Also Reifenpanne? Das wissen Sie beide ganz genau, ja?« Das täppisch geschriebene Protokoll, stotterig verlesen. Von mir, Diensttuendem soundso, aufgenommen und so weiter. Aber wie dem auch sei, nun hatte ich sie doch wiedergefunden. Und unterwegs zu meinem Atelier erzählte sie, daß ihre Eltern auf Urlaub in Österreich seien. Für drei Wochen. Ich dachte, dann kannst du drei Wochen zu mir kommen, aber ich wagte es nicht vorzuschlagen aus Angst, sie könnte es ablehnen. Sie sagte es selbst. Als sie bei mir hinten auf dem Fahrrad saß, die Hände um meine Taille. Und ich fand, daß sie ein Schatz war, wie sie da hinter meinem gebogenen Rücken auf dem Gepäckträger saß, mit dem herrlichen fleischigen Arsch, daß ich deswegen ganz vorsichtig weiterfuhr, damit ihre süße Herrlichkeit nicht zu sehr geschüttelt wurde. Und ich nahm mir vor, mich nicht gleich wie ein Berserker zu benehmen, wie damals in ihrem Auto. Denn das gab doch nur Unheil und Elend. So kam es denn auch. Wir saßen stundenlang auf dem Fußboden in meinem Atelier und unterhielten uns, bis es unmerklich dunkel wurde. Und wir spielten immer wieder die einzigen beiden Platten, die ich hatte. Das zweite Jazzkonzert von Benny Goodman: »Hello, this is Benny Goodman and it seems to me that I have heard that thing before. You may have heard it too as well as the other numbers...« Jawohl, das hatten wir mittlerweile bestimmt gehört. Wohl zehnmal Someday sweetheart, Stardust, My gal Sal, Josephine, Everybody loves my baby, You turned the tables on me. Und zwischendurch erzählte sie alles mögliche. Erst über ihren Vater, denn den mochte sie am liebsten. Über seine Popelmanie. Den Kügelchenpark unter dem Stuhl. Daß er fürchterlich lachen mußte mit seinem dicken Körper, als sie steif von dem Unfall nach Hause kam und vor Schmerzen nicht sitzen konnte, und daß er überhaupt nicht böse war wegen des Autos. Daß er zum Gejammere ihrer Mutter immer gesagt hatte: »Ach Mensch, was soll man sich wegen so einem Stück Blech aufregen.« Daß er bei Regen oder Sturm zum Fenster ging und gemütlich sagte: »Das Wetter ist schlecht, genau wie die Menschen.« Einmal hatte sie mit einer Freundin ausgemacht, mit ihm im Chor zu rufen, genau gleichzeitig, denn man konnte exakt auszählen, wann es soweit war. Und sie riefen es genau gleichzeitig, sie und ihre Freundin. Aber er schwieg und schüttelte sich vor Lachen. Denn manche Dinge ahnte er mit der Schläue eines Fuchses voraus. Sie erzählte, daß er dauernd durch's Haus lief und so altmodisch hustete. Sie hörte es bis auf ihr Zimmer, wo sie lag und »Unter Mutters Fittichen« oder »Trotzköpfchen« las. Und daß er, als sie früher am Daumen lutschte, den vorsichtig wie einen Korken aus der Flasche gezogen und dabei gesagt hatte: »Deine Finger sind doch keine Dauerlutscher, liebe Puppe.« Daß ihre Mutter einmal gesagt hatte, als sie als zehnjähriges Mädchen ins Badezimmer kam und das angeharkte Fleisch gesehen hatte, wo die Brust weggenommen worden war: »Das kommt davon, daß du daran gesaugt hast.« Und dann hatte sie sehr lange daran geglaubt, daß die Brüste weggingen, wenn man ein Baby bekam, daß die vom Baby abgegessen würden. Sie erzählte von der Grundschule. Den unbeholfenen ersten Freunden. Den Fesselern. »Ich werde dich mal eben fesseln.« Die Arme gekreuzt vor die Brust drücken, mit einer Hand festhalten und mit der anderen kurz fühlen. Daß sie einmal gemeinsam mit einer Freundin einen Freund festgebunden hatte, mit einem blaukarierten städtischen Handtuch. Die Freundin hatte dann zu dem Jungen gesagt: »Winnetou ist frei, wenn er einen Wurm aufißt.« Und er mußte es ihr nachsprechen. »Winnetou ist frei, wenn er einen Wurm aufißt«, hatte er gefügig und genußsüchtig und mit nachdenklichen Augen gesagt, als säße er da und kacke. Sie hatten auf dem Schulhof einen Wurm unter einem Stein hervorgeholt und auf seine Zunge gelegt, die er ausstreckte, als bekäme er eine Hostie darauf. Und mit hochgezogenen Lippen, damit sie alles gut sehen konnten, hatte er den Wurm in Stücke gebissen und runtergeschluckt. Dann hatte er gesagt: »Jetzt bin ich frei.« Sie hatten ihn losgemacht und dann hatte er am Kran einen Schluck Wasser getrunken. Sie sah mich ernst an und sagte: »Wenn man einen Wurm aufißt, ist man frei. Das glaube ich wirklich. Aber das brächte ich niemals fertig.« Ich packte ihre Hände und ließ sie aufstehen und tanzte mit ihr. I hadn't anyone till you, I never gave my love till you, And through my lonely heart ... Und ich steckte ein paar Kerzen an, denn es war zur Zeit der Künstlerfeste mit herbem Landwein und Kerzenschimmer. Kerzen auf leeren Flaschen. Und ich mußte daran denken, was ich einmal jemand auf einer Fete hatte sagen hören: »Die molligen runden Frauen, mit denen kann man am besten einen rundmachen.« Während des Tanzens schob ich ihren Rock hoch und streifte ihr Höschen bis unter die Backen nach unten. Als sie den Rücken zum Spiegel drehte, tanzte ich eine ganze Weile auf der Stelle. Und ich sah die prächtigen Backen, wie sie sich hin und her drehten. Schamlos im Kerzenlicht. Und ich fühlte mich so verdammt reich. Aber dann wandte sie sich plötzlich um und sagte halb entrüstet und verwundert: »Du stehst da und glotzt nach mir.« Sie wollte sich losmachen, um das Höschen nach oben und den Rock nach unten zu streifen. Aber als ich mich schnell umdrehte und sie sehen konnte, wie ich mich gegen ihr nacktes Fleisch bewegte, ließ sie es doch so. Ich fühlte die Wärme ihres Körpers durch meine Hose hindurch, und ich kniete vor ihr nieder und küßte ihren Bauch, ihre Schenkel, und dann hatte ich plötzlich ihre saftige Pflaume zwischen meinen Lippen. Und das war nicht so'n Ding mit so'nem ungeordneten Büschel Haare drumrum, in dem man sich vorkommt, als wenn man einen Mann mit Vollbart küßt, und auch nicht so'n Apparat mit großen Schamlippen nach außen, braune Flappen, Klapptüren eines Salons, die bereithängen, um einem vor die Klöten zu schlagen. Nein, und wenn ich ihre Bocksperücke nur flüchtig begutachtet hatte, hatte ich sicher genug gesehen. Wie ihr Bauch, mit hier und da einer nach unten gerutschten Sommersprosse, eine Bohne zwischen den goldenen Ähren aus dem Hohenlied, nach einer leichten Einbuchtung sich unten wieder nach vorn wölbte, beinahe wie eine kleine feste Mädchenbrust. Eine reife rosa-rothaarige Frucht mit einer Kerbe darin, die offenstand mit milchiger Flüssigkeit. Ich schlang meinen Arm um ihren Hintern und drückte sie an mich. Und ich steckte meine Zunge in die feuchte Spalte. Sie seufzte und stöhnte und ihre hohen Hacken klapperten auf dem Fußboden vor bibbernder Spannung, und sie zuckte plötzlich etwas nach vorn und drückte mit beiden Händen auf meinem Hinterkopf mein Gesicht in das weiche Paradiesfleisch. Dann kreiste sie mit ihrer Pflaume um meine Zunge. Danach schubste sie mich weg, aber mein Kinn blieb hinter dem Gummiband ihres Höschens hängen, das stramm zwischen ihren Beinen saß, so daß ich ihr noch ein Nachleckerchen geben konnte. Ich mußte daran denken, was ich in einer französischen Übersetzung der Kamasutra gelesen hatte: *Exitées directement par la succion, l'aspiration et lèchement de tous leurs organes, les femmes, parvenues au paroxysme, lancent dans la bouche de l'homme, par leur conduit afférent, le mucus glaireux sécréte par les glandes vulvo-vaginales.* Ich hatte immer gedacht, daß das übertrieben war und daß Heinrich der Vierte – ein Königreich für eine Fotze –, der so verrückt darauf war, daß er gern Pudding davon gegessen hätte, das Opfer seiner überhitzten Phantasie gewesen sei. Ihm schmeckte das besser als Austern. Ich mag zwar keine Austern, aber wo ich nun selbst sowas auf meiner Zunge hatte, mußte ich, während ich Olga beobachtete, wie sie bauchtanzend und mit halbgeschlossenen Augen nachträglich noch genoß, doch zugeben, daß es lecker war. Olga preßte plötzlich die Hände gegen das Pflaumenhaar und sagte, daß sie so nötig müßte. Ich sagte, daß sie ruhig in meinen Mund pissen dürfe. Sie erwiderte, daß ich ein Ferkel sei, und rannte zu dem Platz, den ich ihr angewiesen hatte, einem Waschbecken in der anderen Ecke meines Ateliers. Und als sie ein wenig verschämt, aber doch genießerisch, mit ihrem Loch nach hinten da saß und pißte, halb verdeckt hinter einem großen Gummibaum, war ich doch froh, daß sie nicht auf meinen Vorschlag eingegangen war. Denn es plätscherte da, als wenn eine Ziege auf eine Zinkplatte pinkelt. Und ich war so geil auf sie, daß ich, bevor sie leergepißt war, zu ihr rannte und meine Hand von oben zwischen ihre Schenkel zwängte und sie in den herrlichen warmen Urin hielt. Und dann rieb ich mein Gesicht damit ein. Sie verzog vor Ekel ihr Gesicht, aber ich sagte ihr, daß nichts so bezaubernd riecht wie die Pisse einer gesunden jungen Frau. (Vorausgesetzt, sie ist keine Biertrinkerin.) Und die Pisse ist auch noch heilkräftig. Vor allem gegen Brennessel. Dann packte ich sie mit ihrer nassen Fotze und trug sie zu meinem Bett, und leckte und küßte sie übers ganze Gesicht. Bis in die Ohren- und Nasenlöcher. Bitter und salzig. Als ich sie ausgezogen hatte, was sie gefügig und sich in fauler Behaglichkeit streckend gefallen ließ, stellte ich alle Flaschen mit Kerzen auf Bänke und Kisten und dann um das Bett herum. Dann setzte ich mich auf einen Stuhl und sah sie mir in aller Ruhe an. Wie ihre Brüste nicht wie zu weicher Pudding wegsackten, sondern stramm stehen blieben, mit den Brustwarzen zur Decke weisend. Und das waren nicht so'ne braunen Murmeln, die man mit Daumen und Zeigefinger abschießen zu können glaubt, das waren wirklich die rosa Vorsprünge des prächtig gewölbten Vordergiebels. Gesprenkelt mit Hunderten kleiner Sommersprossen, als wären sie mit braunem Zucker bestreut. Und ihre Haut war so weiß zwischen all den braunen Flecken, als ob sie sich nur mit Buttermilch wüsche. Mit ihrem lieben runden Kopf, den auf das Kissen fallenden kastanienroten Haaren und ihren dunklen großen Augen lag sie ruhig da und sah um sich. Besah sich das ganze Atelier. Die Pflanzen, die Aktstudien, das Spiegelbild des Bettes mit den Kerzen drum herum. Ich ging zum Klo, und als ich zurückkam, war sie eingeschlafen, ein Händchen auf ihrem roten Schamhaar und das andere an der Wange. Ich setzte mich wieder auf den Stuhl und betrachtete sie. Und plötzlich sah ich, daß ihre Lippen sich klebrig geöffnet hatten und daß ihr Daumen im Mund steckte und sie langsam daran nuckelte. Wie lange ich dagesessen habe, fasziniert von dem lieblichen Geschöpf, weiß ich nicht. Ich sah eine Kerze nach der anderen erlöschen. Manchmal mit einem Zischen, wenn der letzte Rest Kerzenfett mit dem brennenden Docht durch den Flaschenhals glitt und in den Bodensatz fiel. Und ich hörte, wie die Vögel wie wahnsinnig zu singen begannen und die Tauben gurrten und riefen, lange bevor es hell war. Als es dann hell wurde, wurde sie wach von der Morgenkälte. Ich kroch zu ihr, zog die Decke flüchtig über uns, und dann begann für uns die Nacht.

Der Racheapfel

Nachdem die amerikanischen Transusen rausgeflogen waren, mit ihren Wellensittichen, Kunstbüchern (das Schleimscheißerchen Dürer mit seinen frisierten Haaren) und herumflatternden Freunden – ich mußte auf einmal daran denken, daß sie Unterhosen aus irgendeinem elastischen Gewebe trugen, das die Arschbacken zusammenkniff –, begann das liebe Leben von neuem. Ach, liebes Leben, es war nun anders. Durch Einsamkeit und Leid geläutert, könnte man sagen. Und durch Verlangen nach der Roten. Ich lief jedenfalls nicht mehr so aggressiv herum, mein Pimmel wie eine Harpune, um damit in die erste beste Speckschwarte zu stoßen, die aus den Wogen des abendlichen Stadtlebens auftauchte. Nein, ich suchte das, was man seelischen Kontakt nennt. Ich nahm

Mädchen mit, denen man ansehen konnte, daß sie in irgendeinem Schlamassel saßen. Mädchen, mit denen man sich, bevor der Tröster rausgeholt wurde, stundenlang unterhalten konnte. Über Tod, Elend, Krankheiten, nach innen gewachsenen Brustwarzen – an denen doch nichts zu ändern war, saugte man auch noch so hingebungsvoll daran, bis sie wie feurige Knospen rausnippelten, die Spucke war kaum kalt oder trocken, da sackten sie wieder weg in dem porösen Gewebe der Milchschwabber. Über daheim, die Eltern, die jüngeren Schwestern, den älteren Bruder, Inzest, Arschfickerei und Pubertätspickel. Und das lief oft verkehrt ab, so wie man ja auch sagt: Mit Kindern ins Bett zu gehen, garantiert ein beschissenes Aufstehen. Genauso ist es auch mit den Fimmeltrinen. Elly zum Beispiel, die ich wie ein Habicht aus einer Telefonzelle zerrte, und bei der ich auch zu spät merkte, daß sie aus der Anstalt weggelaufen war. Ich dachte, sie sei nur übergeschnappt und eine pathologische Lügnerin, eine Phantastin, als sie abends im Bett erzählte, daß sie den Segeltuchsitz aus einem Kinderstuhl geschnitten hatte, weil ihr kleines Schwesterchen darauf geschissen hatte, und daß sie auf den Gemälden zu Hause allen Menschen die Augen durchstochen hatte. Als ich morgens wach wurde, saß sie aufrecht neben mir im Bett mit fremd starrenden Augen und feuerroten, rauhen Armen. Als ich sie fragte, was um Himmels willen sie getan hätte, sagte sie: »Ach, ich hatte Appetit auf'n Stückchen Fell.« Und sie hatte mich auch noch ganz schön naßgepißt. Dann Evelin, ein lang- und schwarzhaariges, knochenmageres reformiertes Stümperchen, mit Brüstchen so schlapp wie Klingelbeutel und einem grieseligen Sardellenfötzchen. Die ganze Nacht versuchte ich sie vergessen zu machen, schwitzend und rammend, was 1886 mit der Doleanzkirche passiert war. Und dann servierte sie mir am folgenden Morgen doch, verdammt noch mal, mit verkniffenem Mund die Bemerkung: »Ich habe Gott zwischen uns vermißt.« Wofür doch ein kleines Trio manchmal gut sein kann. Und dann durfte man natürlich keine faulen Witze machen, wie, daß man besser vögelte als Gott, oder sie auf die Palme jagen, indem man sagte, wenn Gott allmächtig ist, warum findet er dann nie das erste Kiebitzei. Dann tanzten aber die Puppen. Dann quasselte sie mit Zitaten aus den Glaubensartikeln die morgendliche Wasserlatte schlapp. Die katholische Trude, fett vom Fischfressen am Freitag und beim Zungenküssen speichelreich wie ein Weihwasserbecken. Als ich sie, nachdem ich mir ihr ganzes Elend angehört hatte, bumsen wollte, hatte sie ihre Tage. Sie hatte mir wohl gesagt, als sie zur Toilette ging, daß sie die Krankheit der unaussprechlichen Schmerzen habe, aber was konnte ich mir darunter vorstellen. Ich dachte an Dünnschiß. Und ich merkte es zu spät beim Wühlen, weil sie 'nen unsichtbaren Schutz trug und mein Riemen sich plötzlich im Trockenen festfuhr. Als ich ihr ihn oben reinstecken wollte, sagte sie: »Dafür ist der Mund nicht geschaffen.« Da konnte man auch nicht damit kommen, daß man ihr die heilige Hostie verabreichen wolle. Denn dann wäre sie imstande gewesen, einen Knoten in den Lümmel zu knüpfen. Trotzdem war das immer noch besser, als wenn sie einen mit alter Bock anredeten, mit Schlappschwanz, behaarter Affe oder so ähnlich, wie sie sich ihre fünfundzwanzig Jahre in Muff und Langeweile verheirateten Eltern hatten einander anraunzen hören. Oder wenn sie die Feurige-Mittelmeer-Boy-Hysterie hatten, wie die gemeine wasserstoffsuperoxydblonde Bertie, die, als ich für einen Moment von ihr herunter stieg und zum Scheißbecken ging, mir gierig nachguckte und sagte: »Du gehst wie ein italienischer Fischer.« Dann mußte man sich verdammt vorsehen. O mamma mia. Innerhalb weniger Tage bekam ich einen Brief von ihrem Vormund, den sie sich zum Kuppler umfunktioniert hatte: »Wegen des Kontaktes, den Sie zu Bertie unterhalten, deren verantwortlicher Vormund ich bin, würde ich Ihren Besuch sehr begrüßen.« Als wenn man in die Camera obscura tauchte. Und dann sah man sie sieben Monate später durch die Kalverstraat schlendern, hinter einem Kinderwagen mit einem großäugigen dunkelhaarigen Kind darin, das anscheinend von einem italienischen Fischer mit Thunfischschuppen und -blut im Sackhaar irgendwo im Schummerlicht am Strand zwischen Genua und Neapel gemacht worden war, während der Sand zwischen ihren feuchten Schenkeln scheuerte und über dem Wasser das Rauschen von Stimmen und Arien klang, als wäre die See die Trampelloge während der Pause einer Oper. Das Halbblut aus Surinam, die Statistin bei einer Ballettgruppe aus Afrika war und schwer daran trug, daß sie von den rabenschwarzen Springern nicht für voll angesehen wurde: »Du bist überhaupt nix. Kaffee und Milch. Du café et du lait.« Die bei allem, was ich behauptete, sagte: »Geh schnell kacken, geh schnell zur Toilette.« Die mir seltsame Grimassen schnitt mit ihrer beweglichen Nase und mich Boris Bock nannte und mir um den Hals flog, als ich mit verunglückten Fratzen antwortete, und dann sagte: »Liebes Monster, komm zu mir, dann geb' ich dir ein Küßchen.« Bleiche Wilhelmina, die zu tief in den Kaffeesatz geblickt hatte und mit Kinderwagen und liebem friedlichen Negerkind, das während des Einkaufens unter einem weißgeblümten Sonnenschirm lag, zu mir ins Atelier kam. Und die anhand des Kassenbons genau ausrechnete, wieviel ich ihr schuldete, als meine Katze einmal, während wir wühlten, ein Hacksteak fachkundig ausgepackt und dann zwischen den strampelnden Beinchen ihres dunklen Babys aufgefressen hatte. Anni, die sagte, sie hasse alle Männer und das käme daher, daß ihr Vater sie früher, wenn er nicht rasiert war, manchmal hochgehoben und gesagt hatte, daß er ihr einen knusprigen Zwieback geben würde und dann seine rauhen Wangen an ihrer Wange gerieben hatte. Und dann in Lachen ausbrach, wenn sie mit Tränen in den Augen weglief. Sie wollte nicht mit mir bumsen, drehte mir abweisend den Arsch zu und sagte, daß es jetzt für sie, verdammt noch mal, zappenduster sei. Als ich sie mir mitten in der Nacht nach einem schlaftrunkenen Strampelbeingefecht doch vorknöpfte, konnte sie nicht klarkommen. Wie lieb ich auch zu ihr war und welche Mühe ich mir auch gab, es schien, als ob ich einen undichten Schlauch aufzupumpen versuchte. Das Mädchen mit dem Boxerhund, das sich so verzweifelt in mich verliebte, daß sie sich nur mir in ihrer Hochzeitsnacht hingeben wollte. Und als daraus nichts wurde, lief es jeden Tag schmachtend mit abgewendetem Gesicht vorbei. Nur wenn ihr Hund sein Bein am Baum vor meinem Haus hob, sah sie kurz und flüchtig zu meinem Fenster rauf. Aber wenn er mit zitternden Hinterpfoten einen Köttel rausdrückte, als wolle er Wurzeln schlagen, dann zog sie ihn ungeduldig fort. Dann sah ich ihr die Schamröte in den Nacken kriechen, als ob sie persönlich da vor mir zum Kacken in der Hocke gesessen hätte. An meinem Geburtstag hatte sie vor die Tür meines Ateliers eine große Süßwassermuschel gelegt, deren perlmutterne Innenwand sie mit Moos ausgefüttert hatte, auf dem kleine rote Beeren und künstliche Perlen und anderer Kleinkram lagen. Daneben lag eine Karte mit einer Reproduktion von Picasso, ein Mädchen mit plattem Gesicht, wie sie selbst eins hatte, und großen wehmütigen Augen. Die hatte sie leider nicht. Auf die Rückseite hatte sie geschrieben: »Wie einsam mußt Du sein, daß Du es nicht mehr fühlst. Wie still mußt Du sein, daß Verlangen Dir nichts mehr sagt.« Aber dann hatte ich auf einmal genug davon. Ich hörte auf. Ich hatte keine Lust mehr. Ich mußte schon kotzen, wenn ich einen Rock sah. Erst dachte ich, daß ich impotent geworden wäre, von einem Mädchen mit so viel Haaren auf den Brüsten, daß man sich vorkam, als läge man mit dem Kopf zwischen Kokosnüssen. Aber das war es nicht. Ich wußte einfach nicht, wie's weitergehen sollte. Ohne sie. Olga. Bei all den Pusselchen, die aus allen Himmelsrichtungen zufällig in meinem Bett gelandet waren, fand ich nur herzlich wenig von dem, was ich begehrte, wonach ich wie ein Verrückter gierte. Die eine hatte ihre Augen (nur beinahe natürlich, sonst wär's ja schon genug gewesen), die andere ihren Hintern, ihre Stimme, ihren Nabel, ihre Hüfte, war wie mein roter Schatz übersät mit Sommersprossen wie der Asphalt der Fifth Avenue in New York nach einer Konfettiparade. Aber selbst wenn ich mir einen Harem von all den Bißchen und Stückchen Olga zugelegt hätte, selbst dann hätte ich nicht wie aus den Stückchen eines Puzzles ihre Gestalt zusammenbasteln können. Und dann kam das Schlimmste. Ich fing an, darüber zu quasseln. Über sie und über meine Scheißsituation. Wie sie aussah. Ihr Haar, ihre Augen, wenn ich etwas vertraulicher wurde, über ihre

Pflaume, ihren Hintern, ihre Titten. Wie sie war. Daß sie einmal gesagt hatte, als sie die Fensterrahmen abseifte: »Ist es dir schon mal aufgefallen, daß Fensterbänke ganz besonders duften?« Als ich sie fragte, wie denn, antwortete sie: »Wie nasse Fensterbänke.« Daß ich sie gefragt hatte, als sie erst kurze Zeit bei mir war, ob sie in den Kirschgarten mitginge. Und sie hatte begeistert und gierig gesagt: »Ja, wo?« Als ich ihr sagte, daß das ein Schauspiel von Tschechow sei, hatte sie sich ein wenig geschämt und gesagt, daß sie das wohl wüßte, daß sie nur wissen wollte, in welchem Theater es gespielt würde. Und ich war sicher, daß sie gedacht hatte, es sei ein Obstgarten, in dem man für ein paar Gulden so viel Kirschen essen konnte, wie man wollte. Daß ich ein paar Tage später eine große Tüte Frühkirschen für sie mitgebracht hatte und sie rot geworden war, aber dann, als sie die Kirschen verputzte, gesagt hatte: »Das scheint mir das Schlimmste zu sein, wenn man tot ist. Daß man dann nie mehr Frühkirschen essen kann.« Daß sie eines morgens, als wir lange im Bett lagen und unter unserem Fenster eine schrille alte Frauenstimme »Huhu-huhu-Fritz!« rief, gesagt hatte: »Furchtbar, wenn man Fritz ist.« Und das von der Hummel, das erzählte ich auch oft. »Es muß herrlich sein, so eine Hummel zu sein. Mit 'nem dicken Leib in so 'nem gestreiften wollenen Pullover, an so 'n paar gläsernen Flügeln.« Wenn ich das erzählte, traten mir die Tränen in die Augen (sie hatte so einen wollenen Pullover gehabt, aber den hatte ich verbrannt, als sie wegging), und dann mußte ich aufpassen, um nicht zu blinzeln, denn sonst liefen mir die Tränen über die Wangen. Aber bevor es soweit war, schlangen sich meistens schon die verlangenden Arme eines verständnisvollen halbverwelkten Mauerblümchens um meine Schultern. Denn die haben einen Instinkt, den Feuchtigkeitsgrad in den Augen zu peilen. Und dann stürzen sie sich auf einen, wie ein Schmetterling auf einen Blumenkelch voll Nektar. Wenn ich nun schreiben könnte: Wir sehen den Helden dieser Geschichte in diesem Stadium seiner Gemütskrise, durch Einkehr und Einsamkeit ratlos geworden, mit schwerer Schlagseite gegen einen tröstenden Frauenbusen treiben. Könnte ich nur so ironisch darüber schreiben. Über mich selbst als Helden. Dann wäre ich nicht mehr das Opfer dieser Geschichte und dann hätte ich die Zügel straff in der Hand. Aber verdammt, ich sehe keinen Helden. Ich sehe mich selbst in all meiner Erbärmlichkeit. Mit Krokodilstränen und allem. Ich sehe mich selbst auf einer Fete, in einer Ecke an eine ältere Frau gelehnt. Und nicht so, daß man denken könnte, da wird gerubbelt. Nein, deutlich der Fall »Verlorener Sohn«. Sie hat die Arme tröstend um mich geschlungen, und hinter uns, zwischen Kippen und zerbrochenen Gläsern und verschütteten Getränken, wogt die wilde Meute weiter zu Rock Around The Clock und Yes Tonight Josephine. Und verdammt, ich muß es bekennen, ich stehe hier und flenne wirklich. Man kann es an meinen Schultern sehen. Daß ich versuche, es zu unterdrücken. Heulen bei einer wildfremden Frau! Und dann auch noch bei so einer ollen Schachtel. Sonst würde sie wohl auch rocken oder mit bloßen Füßen liederlich volkstanzen. Mit großen Schneidezähnen, die sich in ihre Unterlippe kerben, wenn sie spricht. Und so wurde ich auf Partys bekannt. Der stille Junge mit den unwiderruflich marmorweißen früh eingefallenen Wangen. Rainer Maria Rilke in Kleinformat und Klarsichtpackung. Manchmal hörte ich dicht neben mir in einem Gespräch jemanden sagen: »Das war doch die Rote, nicht?« Oder: »Das gibt's heute beinahe nicht mehr. Meistens sind sie doch froh, wenn sie sie los sind.« Und die gröberen Naturen: »Daß er sich das so zu Herzen nimmt. Sind doch alle gleich, wenn man draufliegt. Loch ist Loch, sagte der Bauer und vögelte seine Sau.« Aber die tröstenden mütterlichen Frauen lehrten mich doch etwas. Denn manche hatte eine Tochter in Olgas Alter. Und eine herrschsüchtige alte Vettel sagte mir einmal, als ich über meine ehemalige Schwiegermutter sprach – die mit der einen Titte – und mich bei ihr erkundigte, wie eine Mutter so zielbewußt ihre Tochter ins Unglück stürzen könne: »Jede Mutter ist für ihre Tochter eine Stiefmutter.« Da schoß mir auf einmal ins Gedächtnis, daß Olga früher mal zu mir gesagt hatte, der Anfang von Schneewittchen hätte auf sie einen furchtbaren Eindruck gemacht. Daß ihre Mutter das Märchen nie hatte vorlesen wollen, weil sie es zu gruselig fand, aber ihr Vater es doch tat. Die Königin, die durch das mit Ebenholz gerahmte Fenster den fallenden Schneeflocken zusieht. Daß sie sich mit einer Nadel in den Finger stach und, während sie nach dem Blut sah, sagte: »Hätt' ich ein Kind, so weiß wie Schnee, so rot wie Blut und so schwarz wie Ebenholz.« Schwarz, weiß und rot. Die Farben waren ihr in Erinnerung geblieben als das Furchterregende im Märchen. Und ich begriff plötzlich, warum ihre Mutter das Märchen nicht hatte vorlesen wollen. Ohne sich dessen bewußt zu sein, hielt es ihr den spiegel vors Gesicht, nicht nur wegen der Frage nach der Schönsten im Lande, sondern auch wegen des vergifteten Apfels, den sie schon für ihre Stieftochter bereitliegen hatte. Und ich sehe das stinkgemeine Weib als altes Frauchen verkleidet, und in meiner Rachsucht hätte ich beinahe geschrieben, daß sie sich dafür nicht zu verkleiden brauchte. Ich sehe sie den Apfel aus ihrem Busen holen. Und dann sehe ich, daß es die Krebsbrust ist mit Fäulnis und Gift, die sie meinem Liebling zwischen die Zähne zwängt. Und ich begreife nun, daß es schon immer unwiderruflich zu spät gewesen ist. Ich weiß nun, daß es nicht mehr möglich ist, daß der vergiftete Brocken aus ihrem Hals fällt und sie aufrecht sitzen und fragen wird: »Wo bin ich?« Und daß ich niemals der Prinz sein werde, der sagen wird: »Du bist bei mir. Ich habe dich lieber als alles auf der Welt.«

Requiem für einen toten Spatzen

In dem Atelier, in dem ich damals hockte, hatte während des Krieges ein Widerstandskämpfer gewohnt, der von den Deutschen füsiliert worden war. Nach dem Krieg hat man am Giebel eine bronzene Gedenktafel befestigt, auf der stand: GEFALLEN FÜR DAS VATERLAND. Jedes Jahr wurde an einem rostigen Nagel, der einen den Rest des Jahres zum Aufhängen einzuladen schien, ein Blumengebinde darunter gehängt. Ein Büschel feuchtes Sumpfmoos, in das rote und weiße Nelken und blaue Schwertlilien gesteckt waren. Ich weiß nicht warum, aber ich haßte die Blumen. Jedes Jahr, noch bevor sie verwelkt waren, holte ich sie von der Mauer und warf sie in die Mülltonne. Wenn es windig war, flatterte die Schleife mit KÜNSTLERWIDERSTAND 1942–1945 wie wild vor meinem

Fenster. Nachdem Olga mit dem Schlappschwanz abgehauen war, erschrak ich immer wieder darüber, wenn ich ahnungslos in die Küche kam und dann plötzlich die sich in der Sonne bewegende seidene Schärpe in mein Blickfeld kam. Dann durchfuhr es mich mit Schreck und Freude, daß sie zurückgekommen war, denn die Schärpe war genauso wie ein Kleid mit Bändchen und Falten, das sie trug, nachdem sie mich verlassen hatte. Daß sie vor der Tür stand und nicht zu klingeln wagte. Als sie noch nicht so lange bei mir wohnte – nach all dem Ärger mit Zuhause, mit ihrem Vater, der sehr nach ihr verlangte, ihrer Mutter, die eigentlich herzensfroh war, daß sie Leine gezogen hatte, es aus wilder Wut aber nicht zugeben wollte und sich von einem Geschäftswagen bis vor unsere Haustür hatte fahren lassen, stampfend vor Gluckenneid eine geschlagene halbe Stunde ununterbrochen klingelte –, hatten Kinder aus der Nachbarschaft am vierten Mai einen toten Spatzen gefunden. Dicht unter unserem Fenster begruben sie ihn in der Grünanlage. Auf dem Rücken liegend mit dem kleinen Kopf über der Erde, weil das Tierchen sonst Sand in die Augen bekommen könnte. Kurze Zeit darauf kam eine Frau, die, bevor die offizielle Gedenkfeier begann, einen Strauß

Narzissen in den Sand legte. Genau zu Füßen des Spatzengrabhügels. Ich mußte darüber lachen, aber Olga war so dumm und ging nach draußen und kniete nieder und sah nach dem aus dem Sand ragenden Köpfchen, aus Angst, das Vögelchen könnte noch leben. Ich rief sie herein, weil ich mir denken konnte, daß da was verkehrt ablaufen würde. Ich hatte mich nicht getäuscht. Sie begann von ihren verstorbenen Familienmitgliedern zu erzählen. Ihrer Tante Sophia, die bei ihnen auf der Treppe einen Herzschlag bekommen hatte und dann mit dem Bauch aufprallend wie ein Sandsack die Treppe runter gerumpelt war. Von einer anderen Tante, die langsam an Krebs weggeschmolzen war. Bei der, wenn sie gewaschen wurde, kleine Fleischröllchen im Waschlappen hängengeblieben waren. Sie erzählte von ihrem Großvater, der bei ihnen zu Hause gestorben war, als sie zwölf Jahre alt war. Sie hatten seine Augen nicht schließen können. Mit halbgeöffneten Augen schien er zu lauern. Sicher aus Angst, daß unter der Leitung seines dicken gutmütigen Sohnes die HERMES AG schnell zum Teufel gehen würde. Und darum begann sie zu flennen, weil bei dem Spatzen die mattglänzenden Augen auch noch einen Spalt geöffnet waren. Weil sie der Liebling ihres Großvaters gewesen war und immer Geschenke von ihm bekommen hatte. Sie hörte nicht auf, hysterisch zu heulen, und ich sagte, daß es jetzt aber genug sei. Aber sie konnte einfach nicht aufhören. Sie drehte mir ihr Gesicht zu und sagte, ich müsse sie schlagen. Dann würde es wohl vorbeigehen. Sie sagte, das kenne sie von früher. Das könne ich doch nicht begreifen. Ich schlug sie sofort knüppelhart auf die nassen Wangen. Als sie dann noch nicht aufhörte, schmiß ich sie aufs Bett, riß ihren Rock hoch, zog das Höschen runter und schlug ihr kräftig mit der flachen Hand auf den Hintern. Bis die Haut rot und geschwollen war und das Hinterteil so furchtbar appetitlich aussah. Als ob sie mit ihrer Kackspalte in den Brennesseln gesessen hätte. Dann vögelte ich sie mit meinen Händen unter ihrem glühenden Hinterteil. Ihr feuchtes Gesicht mit verklebten roten Haarsträhnen gegen meine Wange. Ihr keuchender Heulatem in meinem Ohr. Sie kam so animalisch schreiend klar, daß ich dachte, ihr Geschrei könnte draußen die feierliche Gedenkrede übertönen. Als wir aufstanden, mit Schleimfäden an Pflaume und Pimmel zum Fenster gingen und auf die Menschengrüppchen sahen, die da noch standen und sich unterhielten, sagte sie, sie hätte die ganze Zeit an die Kunstlauf-Schlittschuhe mit braunen Stiefeln denken müssen, die sie von ihrem Großvater zum Geburtstag bekommen hatte, kurz bevor er gestorben war. Und daß sie es selbst an seinem Beerdigungstage nicht hatte lassen können, damit aufs Eis zu gehen. Darum hatte sie das Gefühl gehabt, mit eleganten Schnörkeln durch jenen kalten Wintertag zu schweben, an dem der alte Mann begraben wurde. Das hätte ihr geholfen, die Leichenrede da draußen zu überhören. Und sie sagte, daß ich den Spatzen ganz unter die Erde bringen sollte, weil sie sonst dauernd daran denken müßte. Aber bevor ich das tun konnte, hatte die Katze ihn schon reingeschleppt. Ich fand den Vogel in der Küche, hob ihn mit einem Stück Zeitungspapier auf, wickelte ihn damit ein und warf ihn in den Mülleimer. Ich erzählte Olga nichts davon, und sie fragte auch nicht mehr, wo der Spatz geblieben sei. Mit den Blumen, die sie zwei Tage später auf meine Bitte vom Giebel holte und in den Mülleimer warf, vergaß sie wahrscheinlich alles wieder. Es versank in ihrer Erinnerung, wie die Schlittschuhe mit Stiefeln, die sie früher, nachdem sie ihr zu klein geworden waren, in ihrem Zimmer an die Wand gehängt hatte. Umringt von alten Zeitungsbildern mit Sonja Henie. Obwohl sie doch alles für immer hatte behalten wollen. Als sie dann bei mir einzog, hatte ihre Mutter die Heilsarmee angerufen und die Sachen weggegeben, mit beinahe all ihrem Spielzeug und Mädchenbüchern. Von ihren Puppen hatte sie sich selbst schon getrennt. Als sie noch jung genug gewesen war, um damit zu spielen. Heulend und mit Abscheu, denn es ging ihr sehr zu Herzen. Aber es mußte sein. Sie konnte sie nicht länger sehen. Einmal hatte sie eine ganz große Puppe bekommen. Beinahe so groß wie ein echtes Baby. Und die konnte sogar Mama rufen und die Augen mit großen Wimpern öffnen und zumachen. Jeden Tag zog sie ihr die Kleider aus und legte sie ins Bad. Und morgens, bevor sie zur Schule ging, stopfte sie kleine Stückchen Brot in den geöffneten Mund. Nach einer Weile dachte sie, die Puppe sei krank, denn was sie auch mit ihr anstellte, sie sagte nicht mehr Mama. Einmal beugte sie sich über die Puppenwiege und sah, daß das Gesichtchen bedeckt war mit Maden, die mit zukkendem Rüssel tastend aus dem Puppenmund kamen. Sie hatte schreien wollen, aber sie konnte nicht. Sie steckte ihre Fingerspitzen in den aufgesperrten Mund und biß darauf. So blieb sie stehen, bis ihre Mutter kam und sagte, daß sie zu spät zur Schule kommen würde. Heulend wurde sie von der Puppenwiege weggezerrt. Als sie nach Hause kam, hatte ihr Vater Bleichlauge in die Puppe gegossen. Der kleine Mund war dadurch verfärbt und es liefen ätzende Rinnsale über die Wangen. Mit einer umgebogenen Haarnadel hatte er versucht, den ekelhaften Brei herauszupulen, aber auf halbem Wege hatte er genug davon, und so konnte man, wenn man die Puppe bewegte, ein klitschiges Geräusch hören. Sie wollte diese Puppe nicht mehr haben und auch nicht die anderen. Und sie wollte sie auch nicht ihren Freundinnen schenken. Sie mußten alle weg, unter die Erde. Und so hat ihr Vater gutmütig, denn ihre Mutter hatte die Puppen einfach in den Mülleimer werfen wollen, mit seinem dicken Leib und aufgekrempelten Hemdsärmeln eine Grube im Garten gegraben und sie hineingeworfen. Das erzählte Olga mir alles erst viel später, und ich fragte mich, ob sie diese Puppengeschichte meinte, als sie sagte: »Das ist etwas von früher. Das kannst du doch nicht begreifen.« Denn sie hatte so ihre Geheimnisse, die sie nur sehr zögernd preisgab. Erst als sie zwei Jahre bei mir war, kam ich dahinter, daß ihre oberen Schneidezähne nicht echt waren. Sie hatte ein herrliches kräftiges Gebiß. Weiß und animalisch. Sie pflegte es mit krankhafter Pedanterie. Gleich nach dem Essen popelte sie die

Speisereste mit einem abgeschnittenen Gänsekiel heraus. Danach putzte sie sich gründlich die Zähne, mit dem ganzen Mund voll Schaum. Einmal, als sie gerade wieder vor dem Spiegel andächtig ihre Zähne sauber stocherte, schrie sie plötzlich auf. Mit verzogenem Gesicht und offenem Mund rannte sie zu ihrer Tasche, holte den Taschenspiegel heraus und steckte ihn vor dem großen Spiegel schräg nach oben in den Mund. Mit ängstlich geöffneten Augen sah sie sich die Rückseite ihres Gebisses an. Als ich fragte, was los sei, deutete sie nur mit Abscheu auf den Zahnstocher, der auf den Fußboden gefallen war. Ich hob ihn auf und sah, daß da eine Made draufsaß. Ich sagte, daß Speisereste in den Gänsekiel gekommen seien und eine Fliege ihre Eier darauf gelegt hätte. Aber ich konnte sie nicht beruhigen. Sie glaubte felsenfest daran, daß sie die Made irgendwo zwischen ihren Zähnen hervorgepult hätte. Und dann kam die Geschichte von den Stiftzähnen. Daß sie stets das Gefühl gehabt hatte, die könnten eines Tages plötzlich ausfallen. Weil die Wurzeln verfault waren, würde sie es ja doch nicht fühlen, weil die Nerven ja abgetötet seien. Als Mädchen von dreizehn Jahren war sie von einem eisernen Gartenzaun gefallen. Genau auf den Mund. Die oberen zwei Schneidezähne waren abgebrochen, aber sie war noch ein paar Jahre so damit herumgelaufen. Ein Junge in der Klasse hatte gesagt, daß es genau wie eine Steckdose aussähe, und weil ihr rotes Haar damals noch heller war, hatten sie sie Schummerlämpchen genannt. Ich mußte darüber lachen und nahm sie zärtlich in die Arme. Aber sie stieß mich zurück, lief mit ernstem Gesicht zum Telefon und machte einen Termin mit dem Zahnarzt aus.

Der Überraschungsautomat

Wenn ich Wildenten fliegen sehe, muß ich immer daran denken, daß sie sagte, die sähen aus wie fliegende Chiantiflaschen. Erdnüsse wollte sie nicht pellen, weil die sie an die Zehen alter Männer erinnerten. Als wir einmal nach Ijmuiden fuhren und ich sie fragte, ob sie schon mal da gewesen sei, antwortete sie: »Ja, einmal. Mit einer Flasche Lakritzensaft.« Wir liefen Arm in Arm über die Pier und sahen, wie die TITAN ein gigantisches Passagierschiff reinbrachte. Und sie sah sehr lange einem Fischer in den Fischkorb, in dem sich ein blutiger Aal wand, während ich schnell weiterging, weil ich davon Schmerzen in meinem Aal bekam. Wir saßen lange auf einer Terrasse in der Sonne und sahen den Fliegen zu, wie sie munter vögelten. Wir konnten allerdings nicht besonders gut sehen, wie es ging. Sie sagte, daß man, wenn man genau hinsähe, wie sie sich wüschen, niemals mehr eine totschlagen könne. Auf dem Weg zum Strand, in der Einkaufspassage aus hölzernen Buden und Hütten und Würstchenständen, die wie die Dekoration einer Dorfstraße nach den Aufnahmen für einen Wildwestfilm aussah, wo im Geruch von Pommes frites und Früchten und Fisch die Jungens hinter ihr herpfiffen, als wir vorbeikamen, oder sagten: »Hm, nicht schlecht«, oder unter Gelächter anzügliche Dinge flüsterten, ließ ich sie fünfundzwanzig Cent in einen Überraschungsautomaten werfen. Eine schmutzigweiße Kugel, wie ein Reptilienei, kam heraus. Darin saß ein fleischfarbener zittriger kleiner Salamander mit Wakkelkopf und großen traurigen schwarzen Augen. Sie fand ihn abscheulich, und ich sagte, es sei wohl das allerbeste, ihn unbemerkt einem Fischer an den Angelhaken zu hängen. Aber sie wollte ihn sofort loswerden und drehte mit dem Absatz ein Loch in den Sand und ließ ihn da reinfallen. Dann schubbelte sie den Sand darüber und setzte den Fuß drauf. Der Tag im Amsterdamer Stadtwald, zwischen den Tannenstämmen, aus denen milchiges Harz rann, das im Schatten genauso blau zu sein schien wie die Gundelreben, in denen wir lagen. Auf einem rotbraunen Pferd kam ein Reiter vorbei, lachte uns zu und sagte: »Wollen Sie Ihren Fuchs nicht gegen meinen tauschen?« Und da erzählte sie mir, daß sie einmal mit einer Freundin in den gesperrten Dünen bei Egmond aan Zee von einem berittenen Polizisten angehalten worden war. Er hatte sein Notizbuch aus der Tasche geholt und wollte sie aufschreiben. Aber plötzlich begann sein Pferd mit einem schrecklich langen schlappen Pimmel zu pissen wie ein Wasserfall. Er steckte sein Buch schnell weg und sagte, daß sie wie die geölten Blitze verschwinden sollten. Irgendwie muß er wohl das Gefühl gehabt haben, selbst seinen Pimmel aus der Hose schwengelnd vor den zwei kleinen Mädchen die Schleuse geöffnet zu haben. In den ersten Monaten, die wir zusammenlebten, fuhren wir kreuz und quer durch ganz Holland. Von Ameland bis Limburg – den St. Pietersberg und die walfischfleischmümmelnden Touristen meidend –, vom Leuchtturm von Westkapelle bis Denekamp. Es waren auch die letzten Monate meiner Studienzeit, und ich hatte keine Lust mehr, zur Akademie zu gehen. Die Kunst konnte es nicht mit ihr aufnehmen. Ich würde wohl wieder damit beginnen, aber erst mußte ich meiner wahnsinnigen Verliebtheit frönen. Als ihre Eltern vom Urlaub zurückkamen, fanden sie einen Brief von Olga, der an Deutlichkeit nichts zu wünschen übrigließ. Der die Bande zu ihren Eltern, den unsichtbaren Nabelstrang, nicht durchschnitt, sondern explodieren ließ. Mit Mutterkuchen und allem drum und dran. (Ich muß, um der Wahrheit die Ehre zu geben, gestehen, daß ich ihr den Brief diktiert hatte.) Das bekamen wir später noch doppelt und dreifach aufs Butterbrot geschmiert, in Form primitiven Gestichels und heuchlerischer Intrigen. Aber davon zog sich ihr Vater nichts an. Sie durfte sogar eine Weile das Auto haben, damit wir unsere Vor-Flitterwochen feiern konnten. Da sie jetzt aus Sparsamkeitsgründen über dem Geschäft wohnten, brauchte er ihn doch nur noch sehr selten. Nur zur Repräsentation. Und was war da besser als seine hübsche Tochter, die in einem Auto rumfuhr, auf dessen Türen in gediegenen goldenen Buchstaben stand: HERMES AG – GROSSHANDEL IN HAUSHALTARTIKELN. Gleich nach dem Unfall, als sie Angst vor dem Fahren hatte, schubste er sie in den neuen Fiat und sagte, daß sie es sonst nie lernen würde. Für seine Frau brauchte er den Wagen auch nicht. Die war bei der ersten Fahrstunde, die er ihr gab, wie eine Henne ohne Kopf durch einen Zaun in einen Garten gefahren. Angerichteter Schaden (außer am Auto): drei Gläser Orangeade und zwei Gläser Grenadine, die auf dem Gartentisch standen, an dem sie mit der Stoßstange zum Stehen kam. Und so gerieten wir nach Coevorden – wo Olga so gern hin wollte, weil ihr der Ortsname aus der Erdkundestunde im Gedächtnis saß. Nichts los da. Eine Dorfstraße mit einigen Häusern. Nicht der Mühe wert, neben anderen Ortsnamen auch den herunterleiern zu müssen. Man war bald wieder in dem braunen Torfdreck dicht an der deutschen Grenze, wo man nicht einmal anständig bumsen konnte, ohne keuchend und strampelnd in einem Tümpel torfigem Schlamm wegzusacken. Und in Oostelijk Flevoland wurde man gequält von Myriaden grauer Mücken, oder man lief Gefahr, daß der Freudenspender von einer über das Rietland segelnden Rohrweihe für eine Ringelnatter angesehen wurde, oder die Augen wurden einem beinahe ausgepickt von einer Pfuhlschnepfe, weil der Flatschen, ich ging ja vor dem Singen aus der Kirche raus, in ihr Nest schoß und zwischen den tarnfarbenen Eiern zerrann. Nein, das Freien in der freien Natur war nicht das Wahre. Es schien, daß alle Tiere in freier Natur sich verschworen hatten, uns das Vermehren unmöglich zu machen. Gerade lag man herrlich, die

Hose auf die Knie gestreift, bewegte sich rhythmisch nach dem geilen Stöhnen, das aus ihren dicken Lippen keuchte, da versuchte eine Larve oder irgendeine Köcherjungfer in das Samenloch zu krabbeln, oder Olga sprang plötzlich gerade vor dem letzten Stoß auf, weil ein gelbgestreifter Wasserkäfer mit hineingleiten wollte. Oder ein Grashüpfer setzte sich auf ihre Nasenspitze, und das Blasen nach dem Biest brachte einen aus dem Rhythmus. Nein, wir vögelten nirgends so genußvoll wie zu Hause im Bett oder auf der vor den großen Spiegel geschleppten Matratze, wenn wir zusehen wollten, wie meine Klöten bei jedem Stoß gegen ihre Batzen federten oder wenn ich die kleinen violetten Blutergüsse zwischen den Sommersprossen auf ihrem schön geschwungenen Rücken sehen wollte oder wenn sie in den Spiegel blickte, nach ihrem zur Seite gedrehten Gesicht, wenn sie meinen behaarten Körper in ihrem weichen herumwühlen sah. Ihr getrübter Blick und die geilen zitternden Lippen übersetzten die Worte, die ihr hinter den Schläfen hämmerten, aber die sie nie sagen würde: »Komm, spritz dein Zeug in mich rein, du Affe. Los, komm klar!« Aber wir haben in dem unendlichen Polder, zwischen gelben Rübenfeldern an einer stillen Asphaltstraße, die wie Wasser in der Hitze glänzte und von einem grünen sinnlosen Horizont zum anderen lief, geräucherte Aale gegessen, die wir in Kampen auf einem Fischerboot gekauft hatten. Sie konnte sie nicht saubermachen, und ich mußte das zarte Fleisch brockenweise in ihren Mund stopfen, wie bei einem kleinen Vogel, der gefüttert wird. Wir begegneten keinem Lebewesen, auch nicht, nachdem wir an dem Schild WILLKOMMEN IN LELYSTAD, AUCH IN DER KIRCHE auf dem klebrigen stinkenden Teerbrei vorbeigerast waren. Alle Bewohner der kleinen neuen Häuser und Barakkenlager schienen an Insektenvertilgungsmitteln draufgegangen zu sein. Es herrschte ein dürrer staubiger DDT-Frieden, und sogar das bekannte dunkelbraune MARS-Papier, das man immer wieder mit einem Tier verwechselt, habe ich nirgends gesehen. Not a breath of wild air. Als wir in der orangenen Abendsonne zurückfuhren, über den Knardijk nach Harderwijk, saß sie rotverbrannt und rosig neben mir mit einem Strauß Kamille und Klatschmohn, die in der Hitze an ihrem Körper verwelkten. Zu Hause gingen wir zusammen unter die Dusche, und ich wusch Grassamen aus ihrem Schamhaar. Wir liefen nackt durchs Atelier, und ich rutschte auf Knien zu ihr und küßte ihre Backen und leckte ihren Arsch, der nach

Seife schmeckte. Ich steckte ihr Klatschmohn in die Kackspalte, und sie rannte mit wackelndem Hinterteil durch das Atelier, weil es so kribbelte. Aber sie fand's doch wohl recht hübsch, denn sie ließ die Blume stecken und blickte stets danach, wenn sie am Spiegel vorbeikam. Ich verfolgte sie mit meiner Latte. Bis sie sich ergab und mit dem Hintern nach oben aufs Bett fiel und ich die Blume auf ihren Backen zu rotem Mus schlug und über ihr in Schlaf fiel, mit meinen Fingern in ihrer Scheide, weil es wieder mal ein gefährlicher Tag war. Mitten in der Nacht wurde ich von der Kälte wach und saß mit meinem Riemen in ihrem Arsch. Sie hatte sich selbst an mir festgestochen und versuchte wie eine Wahnsinnige klarzukommen, indem sie ihre Finger in der Pflaume mit meinen verschränkt hatte und sich genüßlich fingerte. So war unser Leben am Anfang. Jedenfalls, wenn es warm war und wir Klatschmohn im Hause hatten. Aber zu der Zeit passierte was, worüber ich mich sehr schäme. Nach einer Weile bekam ich Ausschlag auf meiner Eichel. Ich war wütend, denn ich dachte, sie hätte mir einen Tripper verpaßt. Sie schwor unter Tränen, daß sie schon lange, bevor sie mich kennengelernt hatte, mit niemandem mehr im Bett gewesen sei. Aber ich glaubte ihr nicht und schleppte sie mit zu einem Hautarzt, der mir erklärte, die entzündete Kuppe komme vom übermäßigen Geschlechtsverkehr. Als wir nach Hause kamen, war sie rasend vor Wut. Sie war schon mit bösen Schritten neben mir hergelaufen, und ich wußte nicht so recht, was ich sagen sollte. Darum legte ich schnell eine ihrer Lieblingsplatten auf. Das Phil Woods Jazz Quintett mit John Eardley. Pot Pie und Mad About The Boy. Gott im Himmel, das war sie im Moment sicher nicht. Sie schlug den Tonabnehmer zur Seite, packte die Platte und ließ sie durchs offene Fenster nach draußen segeln. Damit war ihre Wut abgekühlt, sie begann plötzlich laut und ausgelassen zu lachen. Nicht lange danach heirateten wir. Gratis. Nur der Trauschein kostete 50 Cent. Wir gingen da genauso hin, wie damals, als ich sie von der Kirmes mit zu mir ins Atelier genommen hatte. Per Fahrrad. Sie auf dem Gepäckträger, auf den ich für die Gelegenheit eine Wolldecke gebunden hatte. Schließlich sollte sie sich am schönsten Tag ihres Lebens keine blauen Flecke am Hintern holen. Sie hatte ein veilchenblaues Kleid an und ein Pothütchen aus Stroh auf, das sie sich aus einem mexikanischen Sombrero selbst gemacht hatte, indem sie einfach die breite Krempe abgeschnitten hatte. Das veilchenblaue Kleid hatte ich für sie gekauft, von dem Vorschuß auf meinen ersten Auftrag. Von meinem ersten selbstverdienten Geld. Ich mußte aber noch eine Statue dafür machen, die Mutterglück darstellen und in irgendeiner Anlage aufgestellt werden sollte. Aber das sollte mich erst später kümmern. Auf dem Rathaus wurden wir zu sechst durch die amtliche Mühle gedreht, die meisten Bräute hochschwanger. Eine Trauung mußte sogar verschoben werden, weil bei einer Braut schon im Wartezimmer die Wehen begannen. Trotzdem nahm der Standesbeamte sich noch Zeit und Mühe, uns einen kleinen persönlichen Vortrag zu halten. Über die blühende Liebe der Jugend faselte er, während er feinschmeckerisch auf meinen überglücklichen Schatz blickte, dessen obszöner Körper in das veilchenblaue Kleid aus Baumwollsamt verpackt war wie ein Aal in die eigene Haut. (Später, als sie von mir weggegangen war und etliche Ehen nacheinander für jeweils ein paar verrückte Tage schloß, keuchte der Beamte oft, wenn er die Namen der verflossenen Gatten verlas, und einer sagte sogar, nachdem er die ganze Liste verlesen hatte: »Soso!«) Wir wollten den Tag herrlich verbringen, einander in den Armen liegend, mit einer Flasche Champagner neben dem Bett, und wenn es dunkel war, in die Stadt zum Essen gehen. Aber verflucht, wir wurden alle fünf Minuten aus dem Bett geklingelt von ihren Bekannten und den Bekannten ihrer Eltern. Und es stellte sich heraus, daß ihre Mutter doch Kärtchen hatte drukken lassen und die verschwenderisch in ganz Nord-Holland verteilen ließ. Leinen-Papier mit Röschen und Relief darauf gedruckt und unsere Namen in goldenen Buchstaben. Ich nahm mir vor, meiner frischgebackenen Schwiegermutter, wenn wir in einigen Tagen dort unsere Hochzeit feiern würden, ein für allemal deutlich zu machen, daß sie sich nicht um unsere Angelegenheiten zu kümmern hätte. Als ihr Vater uns holen kam, mußte ich anstelle von Olga neben ihm sitzen. On the dead man's place. Weil sein Arzt ihm geraten hatte, nie mehr hinter dem Lenkrad eines Autos Platz zu nehmen. Das erzählte er mir ganz beiläufig, als er mit hundertvierzig Sachen über die Landstraße raste. Und dann erzählte er mir seinen ersten Witz. Noch nicht den von den zwei Jungens, die nach Paris gingen. Den von zwei anderen Jungens, die ein hübsches Weib kennengelernt haben, mit der sie zum Essen ausgehen wollen. Die beiden Freunde hatten miteinander verabredet, daß, wenn einer während des Essens drei ruppige Bemerkungen zu machen wagen würde, der andere das Feld räumen müßte. Und so geschah es. Als die Suppe serviert wurde, sagte er zu ihr, während er mit seinem Löffel in der Creme de ... wirdschonwasgewesensein ... rührte: »Darf ich meine Bällchen in Ihre Suppe tun?« Beim Wildbraten, als sie ihre Knochen auf dem dafür bestimmten Teller deponierte, sagte er, während er es ihr gleich tat: »Darf ich bitte meine Gebeine zu den Ihren legen?« Ich wußte genau, daß er beim Fruchtsalat fragen würde: »Darf ich Sie befruchten?« Aber ich ließ ihn ruhig ausreden und lachte dann herzhaft mit. Und ich revanchierte mich direkt mit einem Witz, den man als jungverheirateter Mann besser nicht seinem Schwiegervater erzählen sollte, aber ich fand den Mann so einnehmend und sympathisch, daß ich mich einfach benahm wie Männer untereinander es nun mal tun. Von dem Schiffer mit seiner Tochter und dem Knecht, die nur ein Bett hatten, in dem sie zu dritt schlafen mußten. Der Schiffer in der Mitte. Als der Schiffer laut schnarchte, richtete sich der Knecht auf, stieß die Tochter an und fragte: »Sollen wir?« Sie sagte, daß er dann ihrem Vater erst ein Sackhaar ausreißen müsse. Das fand er zwar einen ungewöhnlich seltsamen Auftrag, aber gut, er war auch kein Waisenknabe, und alles hat seinen Preis. So ging es ein paar Nächte, und dann standen Tochter und Knecht an einem Morgen auf dem Vorschiff, und die Tochter begann zu singen: »Es hat heut nacht so fein geflutscht! Juhu!« Und der Knecht sang: »Und morgen wird noch besser gerutscht! Juhu!« Und dann klang auf einmal die tiefe Baßstimme des Schiffers aus dem Steuerhäuschen: »Und wenn es so . . .ho-hoo muß weitergehn, dann bleibt auf meinem Sack kein Haar mehr stehn! Juhu, Juhu, Juhu, Juhu!« Er bekam einen solchen Lachanfall, daß er, genau wie damals seine Tochter, ganz schön auf die linke Straßenseite geriet. Weil ein entgegenkommendes Fahrzeug aufblendete, konnte mit kräftigem Bremsen ein Zusammenstoß verhindert werden. Und ungerührt vom erzürnten Hupen des sich entfernenden Fahrzeuges sagte er: »So ist es im Verkehr, alles paßt genau ineinander. Nur wenn es mal nicht paßt, dann hört man einen Knall.« Na ja, wir waren dem Tanz noch mal entkommen und standen einen Moment später im Garten inmitten der Honoratioren und Geschäftsfreunde. Ihre Mutter hätte lieber in einem Restaurant einen Empfang gegeben, mit kaltem Buffet zum Abschluß, aber er hatte alle Restaurants, die sie vorgeschlagen hatte, mit den Worten abgelehnt: »Ich weiß schon, wie das Essen dort am

17. April 1992 schmecken wird.« Da hatte sie sich dann aus Snobismus auf eine Neuigkeit geschmissen, die gerade erst aus Amerika herübergeweht war, denn sie wollte und mußte ihre Party haben: Barbecue. Mit einem ganzen Satz Töpfe voller Kräuter in den schönsten Scheißfarben. Im Garten liefen alle mit Tränen in den Augen herum, vom Qualm und Gestank – denn sie wußte nicht mit den Holzkohlen umzugehen und hatte eine anständige Portion Petroleum darauf gegossen –, und mit so einem Lappen Fleisch in der Hand, der auf der einen Seite wie eine halbverkohlte Schuhsohle aussah, während sich an der anderen Seite das Blut mit dem lila Stempel des Fleischbeschauers mischte. Ihr Vater sah sich alles von seinem Lehnstuhl auf der Freitreppe aus an, und ausnahmsweise mal ohne zu popeln und Kügelchen zu drehen, aber doch ein wenig gutmütig spottend sagte er reimend zu mir: »Laß sie nur ruhig mit den Lappen pfuschen und tuen, 's ist doch ein feiner Sport, das Barbecuen.« Aber die zähen Stücke, von denen man ein Maul wie ein Schornsteinfeger bekam, verschwanden stets mit einem heimlichen schnellen Schwung zwischen den Petunien und Lavendelbüschen der Strauchrabatte, wo der deutsche Schäferhund, der einem der Gäste gehörte, grunzend mit den

Dingern abrechnete. Und als dann zum soundsovielten Male getoastet wurde und die eine oder andere Großtante aus Haarlem, um den Leib ein Schlabberkleid nach der Mode von anno Tobak, das vierzig Jahre in der Mottenkiste gelegen hatte und sieben Meilen gegen den Wind nach Kampfer stank, unbedingt etwas unser zukünftiges Glück betreffend zum Besten geben mußte, mit einer Stimme, die von ihrem lockeren Gebiß knirschend hin und her gemahlen wurde, kam das vollgefressene Biest von Hund zwischen den Beinen der pflichtbewußt lauschenden Meute auf den Rasen, und mit seinem Kopf dicht über den Boden stoßend und drehend fing er an zu kotzen. Und da lagen dann plötzlich vor den Augen aller, unverkennbar, in einer Soße grauen Verdauungsbreies, sieben oder acht der schwarzen Lappen im Gras. Ihr Vater war sehr lieb, er erhob sich aus seinem Stuhl, nahm die Serviette von der Brust, die sie ihm autoritär um den Hals gebunden hatte, als sie ihm so ein verbranntes Ding in die Hand drückte, und legte die unbeholfen über den Haufen Seiber und Kotze. Er erklang zögernder Beifall, der ihn verlegen zu seinem Stuhl zurückgehen ließ. Meine Befürchtung, ein Zuspätgekommener könne die Serviette aufheben in dem Glauben, jemand habe sie da verloren, war gottlob unbegründet. Und so verschwand die Gesellschaft, die kein munteres Fest zustande gebracht hatte, mit dem Bild der durch die Sträucher rennenden, von einer Wespe verfolgten Großtante aus Haarlem und eines tolpatschigen Onkels, der mit einem Tritt seiner Schuhe Größe 48 ein Glas Sherry, das einer der Gäste ins Gras gesetzt hatte, total in den Boden stampfte. Als alle Gäste weg waren und der Barbecue-Grill noch etwas verloren nachqualmte, kam Olga und holte mich aus dem Garten. Sie sagte, ihr Vater wolle mit uns sprechen, über Geld, aber daß da selbstverständlich ihre Mutter hinterstecke. Das verdammte Luder. Ich hätte sie mit ihrem in einen grauen Plisseerock gehüllten Achtersteven am liebsten auf den Rost gesetzt. Olga gab mir eine Hand, und wir setzten uns in aller Ruhe ins Wohnzimmer und harrten der Dinge, die kommen würden. Plötzlich wurde die Tür aufgestoßen, und sie schob ihn vor sich her ins Zimmer. »Nu mach schon«, sagte sie und manövrierte ihn in seinen Lehnstuhl. Träge und breit setzte er sich, sah kurz zur Decke und nach draußen und trommelte auf die Seitenlehne des Stuhles. Den Radetzkymarsch, dachte ich. Und sie versuchte immer zwingender, seinen Blick zu fangen. Sie hüstelte damenhaft und sagte dann nervös und ungeduldig: »Na, Pappie!« Aber er blieb schweigsam und drehte seinen immer roter werdenden Kopf in alle möglichen Richtungen, nur nicht zu uns oder zu ihr. Sie stampfte mit den Füßen auf, und mit einem letzten pißneidischen Blick auf ihn sprudelten ihr die Worte von den Lippen. Daß es sie jede Menge Geld gekostet hätte, diesen Tag für uns unvergeßlich zu machen. Daß wir uns von ihnen nun zwar die Zustimmung zur Eheschließung ergaunert hätten, indem wir mit dem Richter gedroht hatten, aber nicht hoffen sollten, jemals auch nur einen Cent zu bekommen. Und sie, Olga, sollte vor allen Dingen nicht glauben, in einigen Monaten mit hängenden Flügeln zurückkommen zu können. Sie hätte deutlich genug gewarnt vor dem Künstlerleben, das doch nur immerwährende Armut wäre, zumindest für Olga, die aus dem begüterten Bürgerstand käme. Und mehr solcher fanatisch ausgestoßenen unsinnigen Plattitüden. Als sie kurz schwieg, um noch mal tief Atem zu holen und dann das Gift mit noch mehr Vehemenz zu verspritzen, sagte er auf einmal wie ein dicker dummer Junge, der wohl nicht alles begriffen hat, aber denkt, daß alles geregelt sei und seine Ordnung hätte: »Gut, das ist dann abgesprochen.« Sie sprang auf, als hätte sie tatsächlich auf dem Grill gesessen, und Gott sei Dank konnte sie ihre Wut kühlen an einer Aschenraupe, die mir zwischen die Füße auf den Teppich gefallen war. Sie rannte in die Küche und kam kurz darauf mit einem Teppichdackel zurück, mit dem sie ärgerlich herumfuhrwerkte und gegen meine Füße stieß. Händereibend ging ihr Vater zum Buffet, und seelenruhig schenkte er sich ein Gläschen Beerenburger ein, eine Art Kräuterschnaps, denn das war das Getränk, das er am liebsten mochte. Danach lief er mit dem übervollen Glas, ohne auch nur einen Tropfen zu verschütten, zurück zu seinem Stuhl, und während er den Berg von seinem Glas abschlürfte, sagte er mit beinahe unmerklichem Spott in der Stimme, die an seiner Einfältigkeit von vorher zweifeln ließ, und blickte dabei pfiffig in den Garten, wo nur noch die Serviette auf dem Rasen lag: »Und doch ist es ein festlicher Tag gewesen.«

Marxistische Gartenzwerge

Von ihrer Mutter hatte sie zur Hochzeit einen Kinderwagen bekommen. So einen hohen englischen, der jahrelang bei ihnen auf dem Boden unter einem Schonbezug gestanden hatte. Sie hatte ihn für sich selbst gekauft, als sie meinte, kurz vor Toresschluß, bevor die Klause für immer geschlossen wurde, schwanger zu sein. Ob es nun eine Scheinschwangerschaft war oder ob sie ein totes Kaninchen zur Welt gebracht hat – in jener Zeit hatte es ihr ein weißhaariger herumziehender Zauberkünstler besonders angetan –, weiß ich nicht mehr. Der Wagen war jedenfalls nie benutzt worden. Als ein Bote ihn ablieferte, ohne daß ihre Mutter überhaupt gefragt hatte, ob sie ihn wohl haben wollte, stellte Olga ihn sofort in die Rumpelkammer. Im Laufe der Zeit wurde immer mehr alter Krempel reingelegt oder darübergehängt, so daß er nach einer Weile ganz darunter verschwunden war. Als sie das Velikel abstellte, hatte sie irritiert gesagt, ihre Mutter wolle sicher, daß sie auch so bald wie möglich ohne Brüste rumliefe und mit so einem ausgebeutelten Bauch. Dann konnte man sagen, was man wollte, konnte ihr erklären, daß ihre Angst vorm Kinderkriegen daher käme, daß sie als Kind die Stelle gesehen hatte, wo bei ihrer Mutter die Krebsbrust gesessen hatte, und diese verdammt blöde, verruchte Hexenmutter ihr auch noch weisgemacht hatte, die hätte Olga, als sie ein Baby war, ratzekahl abgefressen. Oder weil die Alte immer untreu gewesen war und ihren Vater und sie ihrem Schicksal überlassen hatte. Es half nicht. Die Angst war ihr nicht auszureden. Sie laberte dann über einige ihrer Freundinnen, die Schönheiten gewesen waren, aber nach dem ersten Kind als alte abgetakelte Schlampen hinter einem Kinderwagen herschlurften. Oder vom Stillen Entzündungen bekommen hatten und mit Kerben und Narben in den Brüsten ihren Tribut für die Mutterschaft bezahlen mußten. Darum schleppte sie mich auch sofort in die Sprechstunde des sexuellen Beratungsdienstes, wegen Kondomen und Pessaren. Und zu dem Ding gebrauchte sie noch so übertrieben viel samenkillende Paste, daß man seinen Pimmel in eine Büchse voll Leim zu stecken glaubte. Normal erlaubte sie mir nur ein paar Tage per Zyklus. Was man so »Freie Fahrt« nennt. (Erlauben, so konnte man es eigentlich nicht bezeichnen. Sie verkrampfte sich vor Angst, wenn sie auch nur daran dachte, daß es gefährlich werden könne. Es ging ganz einfach nicht. Dann konnte sie ihre Beine nicht auseinander kriegen.) Drei Tage vor ihrer Periode und einige Tage danach. Während ihrer Tage, das fand sie nicht so fein. Das nannte sie Bluthochzeit, und sie machte dumme Bemerkungen, wenn ich nur mit Mühe das geronnene Blut aus meinem Schamhaar und von meinen Klöten waschen konnte. Sonst wurde so'n künstliches, so'n Gummi-Hymen reingestopft, um die Kaulquappen der folgenden Generation abzuwehren. Und wenn sie fruchtbar war, was sie beinahe auf die Stunde genau mit dem Thermometer feststellen konnte, dann durfte ich überhaupt nicht. Und wenn ich zehn Pariser übereinander auf meinen Riemen gezogen hätte und alle Plastiktüten und Regenmützen, die im Hause waren, dazu. Aber ich muß zugeben, daß sie mir dann einen Ersatz für ihre Pflaume anbot, der bestimmt nicht zu verachten war. Ihre prächtigen vollen Backen. (Sie hatte mal für ein paar schwache Tage einen italienischen Freund gehabt.) Nach dem Spielen und Fummeln legte sie sich auf den Bauch und sagte sehr lieb, während sie mit den Händen ihre Backen auseinanderriß und mir ihr herrliches rot-braunes Arschloch anbot: »Tu's nur hier rein, Schatz.« Dann lief ich schnell in die Küche und hing meinen Lümmel noch mal in Salatöl, um ihn besser gleiten zu lassen. Gleich darauf lag ich dann auf ihr, und wenn ich dann ihren gesprenkelten Rücken und ihre herrlichen Hüften lang nach unten sah, sah ich meine Stange stets zwischen den gewölbten blanken (auf ihren Backen hatte sie nur eine einzige Sprosse) Hügeln verschwinden. Und sie wurde nicht weniger gut befriedigt als sonst. Mit Musik und allem. Sie sagte immer: »Ich fühl's ganz einfach innen durch. Ist ja auch nur so'n Stückchen dazwischen.« Aber ich mußte aufpassen, daß ich mir sofort den Köddel aus der Vorhaut wusch, sonst hatte ich am nächsten Tag eine geschwollene Speerspitze, die aussah wie das Rücklicht eines Fahrrades. Wenn wir so zugange waren, spielten wir immer, daß ich ein Inkapriester beim Jungfrauenopfer sei. Ich ließ sie den Kopf ins Genick heben, so daß ihr Hals ganz gespannt war, und dann stellten wir uns vor, eine Priesterin würde in dem Moment, da ich gerade spritzte, mit einem haarscharfen Messer ihre gespannte Kehle ruckzuck mit einem Hieb durchschneiden. Wenn sie sehr erregt wurde von dem Spielchen, drehte sie ihren Körper zur Seite, öffnete den Mund und sagte, daß ich da reinspucken müsse, wenn mir einer abging. Denn meine Spucke wäre giftig wie Blausäure und würde sie sofort töten. Wenn dann beide Flatschen gleichzeitig in ihr landeten, barst sie beinahe vor Erregung. Und so lebten wir, trotz ihrer panischen Angst vor Schwangerschaft, doch sehr glücklich und abwechslungsreich. Ich war sowieso noch nicht scharf auf so einen schreienden Tittensauger im Haus. Ich hatte vorläufig beide Hände voll mit meinen eigenen Schöpfungen zu tun, denn es war gar nicht so einfach, als Bildhauer in einer Stadt anzufangen, die von der vorigen Generation vollgestopft war mit marxistischen Gartenzwergen. Überall sah man sie. Auf Brücken. An Hauswänden. An Pissoirs. In Sandstein, Kalkstein und in Granit. Die kleinen Männlein. Zwerge mit kahlen Köpfen und meist entblößtem Oberkörper. Arbeiter sollten das sein, in einem Staat, in dem Arbeit adelt. Aber einer meiner Kollegen sagte einmal flüsternd: »Das ist kein menschlicher Sozialismus. Das ist Sozialismus für Affen.« Na ja, vorläufig hatte ich nichts mit den angewandten Neandertalern zu tun. Ich saß da mit dem Auftrag, für einen Park Mutterglück in Bronze anzufertigen. Es mußte natürlich eine Mutter mit Kind werden, das hatte die Kommission für Stadtverschönerung ziemlich klar durchblicken lassen. »Man macht ja heutzutage schon mal 'ne Abstraktion, so was wie eine Frau, die aussieht wie ein aufgeblasener Luftballon und dann Urmutter genannt wird, oder so was ähnliches. Aber das lehnen wir ab«, hatte eines der Kommissionsmitglieder leichthin gesagt. Ich hatte noch an eine Schwangere gedacht, aber da fanden sie, das sei doch ein etwas vorweggenommenes Mutterglück. Übrigens, ich hätte Olga beim Posieren kaum ein Kissen unter die Kleider auf den Bauch zu schnallen vermocht. Sie wäre vor Elend krepiert, das sagte sie selbst. Mit der großen Puppe auf dem Arm, die ich im Spielwarengeschäft in der Nachbarschaft ganz billig bekommen hatte, weil sie »ein ganz kleines bißchen beschädigt« war, machte sie schon Schwierigkeiten genug. Sie stand monatelang damit, manchmal sechs Stunden am Tage. Aber wenn es sich irgendwie machen ließ, wenn ich an der Rückseite des Standbildes arbeitete, legte sie sich das Ding schnell zu Füßen. Mit dem eingedrückten Mund nach unten. Und als die Statue fertig war und die Kommission zur Begutachtung kam, waren sie alle sehr begeistert, bis auf einen ergrauten Funktionär, der die prophetischen Worte sprach: »Es sieht so aus, als hätte die Mutter vor dem Kind Angst.« Und so war es auch. Sie war froh, als das Ding zur Tür rauskam, zum Bronzegießer, und sie hat nie zu dem Platz mitgehen wollen, wo es aufgestellt wurde, zu der Plantage am Ringgraben zwischen all den Müttern mit Kinderwagen und Kleinkindern. Zwischen dem echten unverfälschten Mutterglück. Die gesprungenen und unvollendeten Vorstudien in Kleie und Gips wollte sie auch nicht mehr im Hause haben. Ich wollte sie nicht neben die Mülleimer auf die Straße setzen, weil ich sie dann durchs Fenster bei meinen lieben Nachbarn auf dem Kaminsims wiedersehen würde. Jetzt war der Kinderwagen von Nutzen. Wir luden all den Krempel ab und aus und packten den Wagen voll mit Miniaturmüttern und Kindern, bis er beinahe durch die Federn sackte. So fuhren wir damit an einem Abend auf die Amstelbrücke. Vielleicht haben wir sogar, als wenn es eine lustige Fuhre wäre, dabei gesungen: »Hab mein Wagen vollgeladen . . .« Mitten auf der Brücke wollte ich warten, bis kein Verkehr vorbeikam, weil die Leute sonst hätten denken können, da würde ein Kind ertränkt. Aber sie fing sofort an, die Dinger ins Wasser zu schleudern. Hintereinander weg und so weit wie möglich. Ich brauchte überhaupt nichts zu tun. Plötzlich sah ich auch die Puppe unten im Wasser dümpeln. Die hatte sie für den Schluß aufgehoben. Danach fuhr sie den Kinderwagen erleichtert nach Hause; sie ließ ihn mit einem kurzen Schubs vor sich die Brücke hinunterrollen und lief hinterher. Sehr glücklich anzusehen. Eine junge Mutter, die sich vor Glück nicht zu fassen wußte. Aber zu Hause fuhr sie den Wagen sofort wieder in die Rumpelkammer und verbarg ihn wieder unter all dem Zeug, das darauf gelegen hatte. Da wir klar Schiff gemacht hatten, konnte ich mich ihr widmen. Mit dem Geld, das ich von dem Auftrag übrigbehalten hatte, konnte ich, wenn wir sparsam lebten, ein Jahr für mich arbeiten. Und in dem Jahr ist sie beinahe nur nackt durch mein Atelier gelaufen. Ich modellierte sie sitzend, stehend, liegend, in Tanzstellung. Mit den Armen horizontal und einem Bein in die Höh. Arabesque nannte man das mit einem schönen Wort aus der Ballettwelt, erklärte sie mir. Und dabei konnte man schnurstracks in ihre Ritze gucken. Als Pomona modellierte ich sie mit Äpfeln (die sie während des Posierens stets aufaß). Scrapple from the

Apple. Als Persephone mit Feldblumen, die sie selbst gepflückt hatte. Aus denen Raupen und andere Kriechtiere über ihren göttlichen Körper krabbelten. Ich schlug in Granit einen Torso von ihr, der im Garten eines alten geilen Bockes verschwand, denn wenn man die Frau selbst nicht kriegen kann, muß man sich eben mit Stein behelfen. Und ich machte Hunderte von Zeichnungen von ihr. Mittlerweile konnte ich ihren Körper träumen, und das tat ich auch. Jede Kurve, jede Unebenheit, jede Falte hatte ich mit meinen Augen abgetastet. Hatte ich mit meinen Händen in Kleie geformt. Ich war wie die Käferchen, die aus den Feldblumen über ihren Körper krochen, für die ihre Brüste Hügel von mehreren Wegstunden waren und die sich verbergen konnten in der Tiefebene zwischen ihren Schulterblättern. Und in der Pause, wenn sie mal eben zum Klo ging, machte ich Zeichnungen von uns, wie wir in allen möglichen Stellungen die Liebe praktizierten. Dazu schrieb ich dann: »KOMM SCHNELL DA RUNTER! GENAU SO WERD ICH'S MIT DIR MACHEN·« Oder: »ICH WERDE DICH OPFERN.« Und wenn sie ganz und gar unwiderstehlich war – immer wenn sie fruchtbar war, das sah man ihr an, dann war sie wie eine Blume in der schönsten Blüte –, schrieb ich: »ICH LIEBE DICH SO SEHR,

WISCH DEINE SPALTE NICHT AB, ICH LECKE SIE SAUBER.« Sie hat es nie getan. Sie dachte, das wäre nur eine Redensart von mir. Dichterische Übertreibung. Und bei all dem sorgte sie noch ganz phantastisch für den Haushalt. Wir hatten nicht viel Geld fürs Essen übrig, aber eine gedämpfte Makrele konnte sie so filetieren und mit Soße darüber und mit allem drum und dran so aufdecken, daß man geneigt war, den Ober zu fragen, welchen Wein man wohl am besten dazu trinken könne. Und sie stellte überall ins Atelier Schalen voller Früchte. Vermischt mit der von der Kleie muffigen Luft war es gerade so, als ob wir in einem Baumgarten lebten. Wenn sie Porree gekauft hatte, spülte sie den ab und legte ihn, einen Tag bevor wir ihn aßen, ausgebreitet auf einige Steinblöcke. Und das tat sie mit allem Gemüse. Denn sie fand es eine Todsünde, so einen schönen weißen Blumenkohl sofort in Stücke zu schneiden und zu verschlingen. Oder sie brachte eine große Tüte Einlegzwiebeln mit und saß dann den ganzen Tag mit roten Augen auf dem Balkon und pellte die Zwiebeln. Dann wehten durch die ganze Straße die silbernen Zwiebelschalen, und im Haus hing der benebelnde Weingeruch von getrockneten Lorbeerblättern. Nach ein paar Tagen stand der Schrank im Atelier voller

Töpfchen mit Zwiebeln in Essig mit Lorbeerblättern, rotem Pfeffer und Gewürznelken. Mitten zwischen ihren Porträts und Bildern. Und während auf ihrer Stirn noch vor Anstrengung der Schweiß stand, sah sie sich ihr Werk zufrieden an und sagte: »Der Wintervorrat.« Dann war im Atelier eine anheimelnde, beruhigende Tannenzapfen-Reisigholz-Atmosphäre. Als ob wir in einer Hütte (wie glücklich wir jeden Tag aufwachten) am Rande der Dünen wohnten, inmitten vom Seewind gekrümmter Bäume voller Fliegenschwärme und Baumpilze. Als ob wir, wenn wir unvorsichtig wären, ein Opfer der Elemente werden könnten. Und es fiel den Nachbarn und allen anderen auf, wie liebevoll sie stets beschäftigt war, alles so gemütlich und behaglich wie möglich zu machen. Einmal hörte ich auf einer Party einen Nachbarn hinter meinem Rücken sagen: »So'n hübsches Weib, das sich so für ihn abrackert und so lieb zu ihm ist. Was der alles mit ihr anstellt, weiß ich nicht, aber der Typ muß wohl 'nen goldenen Pimmel haben.« Als ich ein Jahr so gearbeitet hatte, besessen von ihr und ihrem Körper, bekam ich wieder einen Auftrag. Für ein Gebäude des Roten Kreuzes. Der Teufel schien mitzuspielen, denn es mußte wieder eine Mutter mit Kind werden. Sie sagte sofort: »Mit meinem Körper kein Happening.« Sie wollte nicht dafür posieren und auch nichts damit zu tun haben. Sie würde krank werden, sterben, ihr würde übel werden, sie würde mich verlassen. Aber ich würde sie nie so weit kriegen, wieder mit so einer ekelhaften Puppe auf dem Arm rumzustehen. Das könnte ich mir aus dem Kopf schlagen. Und das tat ich auch. Daran kann man erkennen, daß häusliche Umstände eine wichtige Rolle bei der Entwicklung der Kunst spielen können. (Lard pour l'art.) Ich machte eine mehr als lebensgroße gebeugte Figur, ganz offen, die ein rudimentäres Kind, mehr eine Art Geschöpf, vom Boden hob. Das Standbild drückte mehr eine mütterliche Gebärde aus, als daß es noch etwas mit einer Frau mit einem Kind zu tun gehabt hätte. Ohne Brüste, der Leib ein Loch, durch das man ungehindert den Rasen sehen sollte, auf dem es aufgestellt werden würde, und das Gesicht ohne menschlichen Ausdruck. Eine geballte Faust zur Erde. Olga fand es fantastisch. Sie war begeistert davon. Zu begeistert. Weil es nichts mit ihr zu tun hatte. Vielleicht weil sie fand, daß es mit keiner einzigen Mutter mit Kind etwas zu tun hatte. Darum rackerte sie sich hingebungsvoll ab, als es in Gips gegossen werden mußte. Sie lief herum mit einem Tuch um den Kopf,

Arme und Gesicht mit weißen Gipsspritzern bedeckt, in Blue jeans und Kittel und sah aus wie ein Maurer, cin Stukkateur oder ein weiblicher Baufacharbeiter aus Rußland. Sie half mir beim Einschalen, half mit, Klei aus der Form zu holen, Eimer mit Gips anzurühren. Mein Schatz! Alle Hautlinien und Falten ihres Körpers waren weiß. Und ihr rotes Haar war grau von Staub. Als die Statue in Bronze gegossen und aufgestellt war, bekam ich eine Einladung, um der Eröffnung des Gebäudes, durch die Königin, beizuwohnen. Man habe die Absicht, Ihrer Majestät »den Künstler neben seinem Werk vorzustellen«. Olga und ich mußten herzlich darüber lachen, denn wir hatten im Schatten des Standbildes ganz schön rumgevögelt, und wir verwechselten dauernd das eine »Werk« mit dem anderen. Sie fing sofort an, sich ein neues Kleid zu nähen. Sie schnitt es ganz tief aus und kam dauernd zu mir gelaufen, ein wenig vornübergebeugt, und fragte, ob ich etwas sehen könne. »Nur die Brustwarzen«, sagte ich dann. Denn genau so war's. Am Tage der Eröffnung standen wir dann in der warmen Herbstsonne neben meinem Werk auf Posten. Und sie sah so hübsch aus, daß ich überhaupt nichts mehr an meinem Standbild fand. Durch die Fenster sahen wir die Königin durch die verschiedenen Abteilungen des Gebäudes schreiten, hinter ihr her trippelte ein Gefolge in Cutaways gestopfter Marabus, die stets ein paar Schritte zurückblieben, um sie vorgehen zu lassen. Als müsse sie ausprobieren, ob der Fußboden die Last wohl tragen könne. Etwas später sahen wir sie durch die Anlagen laufen, beim Teich anhalten und, wie es schien, den Pelikanen auf der Insel zuwinken. Und ich glaube, daß die wahrhaftig zurückwinkten mit ihren Staubsaugersäcken. Vielleicht taten sie das, weil Ihre Majestät sich wieder was Wildes mit Federn auf den Kopf gesetzt hatte und sie einen Artgenossen in ihr zu erkennen glaubten. Und dann kamen sie in unsere Richtung. Olga stand wie eine Galionsfigur neben mir, dreiviertel ihrer Brüste auf dem Präsentierblatt ihrer Korsage. Aber als der Aufzug der schwarzen Ameisen mit ihrer Königin dicht herangekommen war, gingen sie in einem großen Bogen um uns herum. Später, auf der Terrasse, als der königliche Gast schon längst in einem glänzend-schwarzen Hofauto entführt worden war, also jeder so viel Sherry in sich hinein kippen konnte, wie er wollte, und Olga einen Moment zur Toilette war und ich allein in einer Ecke stand, kam ein kleiner eifriger inquisitorischer Zeremonienmeister zu mir. Er sah mich mißbilligend an und sagte »Sie verstehen, daß wir Sie unter diesen Umständen nicht Ihrer Majestät vorstellen konnten.« Als ich verwundert meine Augenbrauen hochzog, fügte er flüsternd hinzu: »Wie die Dame, die sich in Ihrer Gesellschaft befindet, gekleidet ist, das überschreitet alle Grenzen.« Als ich, ein Jahr nachdem sie von mir weggegangen war, zufällig an dem Standbild vorbeikam, hielt ich an und setzte mich, weil das Eingangstor geschlossen war, gegenüber von dem Gebäude an den Graben. Ich sah den ganzen Septembertag wieder vor mir. Wie sie da stand in dem engen Kleid, aus dem die Titten oben herausragten wie die Dahlien aus einer Blumenschale. Wie mein Standbild davor verblaßte. Ein lebloses Stück Abstraktion, das nichts von ihr beinhaltete. Und ich kam plötzlich zu der Erkenntnis, daß ich mit diesem Bild ihrer Angst Gestalt gegeben hatte. Ihrer Angst vor Mutterschaft. Daß es nicht eine Frau war, die ein Kind aufhob, sondern von sich wegstieß zur Erde. Daß das Kind mit seinem Umfang genau die Öffnung im Körper der Frau füllen könnte. Und daß es wohl etwas mit ihr zu tun hatte, so wie ich sie vor kurzem gesehen hatte. Wie sie geworden war. Geschunden, nach zwei Abtreibungen durch eine grausige Engelmacherin, ein

Eierstock entfernt und todmüde von der Flucht vor sich selbst. Und ich erschrak vor der Plastik, die ich damals gemacht hatte. Bei der sie mir so sorglos glücklich geholfen hatte. Aber was meine Hände damals schon wußten, habe ich selbst zu spät begriffen. Zu spät, um ihr noch helfen zu können.

Peel me a Grape

Natürlich war sie eitel. Was kann man anderes erwarten, wenn die Menschen beinahe unter die Straßenbahn stolpern, nur um einem hinterherzuglotzen, wenn man beim Einkaufen verfolgt wird vom Hupkonzert und die Frauen aus der Nachbarschaft einen am liebsten als Hexe verbrennen würden, weil ihre Männer mit der Hand in der Hosentasche hinterm Fenster stehenbleiben, bis man vom Fleischer zurückkommt. Wenn sie Schuhe kaufte, bei Bata International in der Kalverstraat, kaufte sie die oft zu klein. Dann sagte sie, daß ihre Füße vom Einkaufengehen geschwollen seien. An den kleinen Fleischkissen auf ihrem Spann (den Parterretitten) sah ich schon, daß da wieder was nicht stimmte. Wenn sie dann später mit Schmerzen rumlief, sagte sie, ich hätte doch recht gehabt.

Sie wäre wie eine Stiefschwester von Aschenputtel. Dann drehte ich den Schraubstock auf und sagte, daß ich wohl ein Stückchen von ihrer Hacke oder ihrem großen Zeh mit der Eisensäge abnehmen könne. Oder ich verfolgte sie mit einer messerscharfen Drahtzange. Und einmal, als wir eines Sonntagsmorgens um vier Uhr von einem Nachtkonzert – Jay Jay Johnson und Lee Konitz – nach Hause gingen, stand tatsächlich Blut in ihren Schuhen. Und die Tauben gurrten wie verrückt in den Bäumen der Van Baerlestraat. Aber nicht, weil sie nicht die richtige Braut gewesen wäre. Erst lief sie eine Weile schmerzgekrümmt auf bloßen Füßen, aber das konnte sie nicht lange aushalten. Außerdem hatte sie Angst, sie könne mit ihren offenen Blasen in den grüngelben Qualster irgendeines alten Kerls treten. Ich sagte, daß ich sie nach Hause tragen würde. Erst wollte sie sich mit ihrem molligen Körper in meine Arme hängen. Aber das ging natürlich nicht. Ich war kein Johnny Weismüller und sie auch keine Jane. Dann zog sie ihren engen Rock hoch und sprang auf meinen Rücken. Und jedesmal, wenn so ein halbbesoffener Nachtschwärmer in seinem Auto vorbeikam, hielt er an und ließ uns noch mal vorbeigehen. Denn ihr kleines seidenes Etwas von Slip war ganz und gar in ihrem grand canyon verschwunden, so daß es aussah, als säße sie mit nacktem Hintern da. Und das war sogar für den, der krank vor Müdigkeit und halbbewußtlos von der Sauferei war, ein unwiderstehlicher Anblick im ersten rosa Licht des neuen Sonntags. Etwas, wobei man seinen Augen nicht zu trauen wagte. Zu der Zeit besuchten wir alle Jazzkonzerte, auch wenn wir manchmal deswegen eine Woche lang kein Fleisch essen konnten. Art Blakey and the Jazz-Messengers mit Lee Morgan Trompete. Das Miles Davis Quintett. Jazz from Carnegie Hall: Dizzy Gillespie, Roy Eldridge, Stan Getz. Das Sonny Rollins Trio. Max Roach and his All-Stars. Unzählige Mahlzeiten nur mit Gemüse und Kartoffeln. Wenn wir von so einem Konzert kamen, zu einer Zeit, in der nur die Angler losziehen, und sie hatte nicht zu kleine Schuhe an und konnte auf eigenen Füßen gehen, spielten wir, um die jämmerlichen Bürgersteigplatten nicht so träge unter uns weggleiten zu lassen, das Spiel WELCHES AUTO KAUF ICH DIR, WENN ICH REICH BIN. In der langen Churchill Laan. Sie sagte dann zum Beispiel bei einem armseligen Volkswagen: »Das zehnte Auto nach diesem bekomme ich von dir, wenn du berühmt und reich bist.« (Denn sie glaubte fest daran, daß ich das in wenigen Jahren sein würde.) Wenn es dann ein Citroën DS oder ein Jaguar war, war sie ausgelassen wie ein Kind. Sie gab mir auf jede Wange einen Kuß, als wenn ich den Wagen gerade für sie dahingestellt hätte. Und wenn es ein erbärmlicher Schrottengel mit verrostetem Gerippe oder eine verbeulte Karre war, sagte sie, daß wir uns beim Zählen geirrt haben müßten. Daß wir wieder neu beginnen müßten. Daß sie doch nicht mit ihren französischen handgearbeiteten Schuhen von Charles Jourdan für hundertfünfundzwanzig Gulden in ein Vehikel kriechen könne, das noch nicht mal fünfzig Gulden Schrottwert hätte. Wir haben das Spielchen in verschiedenen Vierteln Amsterdams gespielt, denn wir gingen oft zu Feten. Und auch immer zu den Nachtvorstellungen der Filmliga im Kriterion. Sie hatte in dem kleinen Provinzkino in Alkmaar nicht viel mehr gesehen als Romy Schneider in »Sissi, die junge Kaiserin« und »High Society« mit Louis Armstrong. (Daraus sang sie noch oft, wenn sie dastand und Endiviensalat wusch oder Kartoffeln schälte: »Who wants to be a millionaire? I don't. Have flashy flunkeys everywhere? I don't.«) Sie staunte unheimlich über diese ganze Welt des Films. Begriff nicht, daß es so was gab. Und ich war für sie der Zauberer, der alles zum Vorschein brachte. Die unermeßlichen Dekorationen aus »Intolerance« von Griffith. Die Köpfe der Assyrer, die man nach Schluß zwischen den Reihen suchen wollte, weil sie so glaubhaft echt in den Saal gerollt waren. Sie kroch an mich heran, wenn wir dasaßen und uns gruselten bei Conrad Veidt oder Boris Karloff. Oder wenn in »Un Chien Andalou« das Rasiermesser dicht vor dem herausquellenden Auge war und die Kamera zum Mond schwenkte, vor dem ein dünner Wolkenschleier vorbeizog. Dinge, die einem eiskalte Schreie entlocken konnten. Als der kahle Mongole in »Sturm über Asien« in den herrlichen Fuchspelz blies, mußte sie an das Pelzjäckchen denken, das ich ihr am Anfang gegeben hatte. Als ich als Anhalter dastand und sie mich mitnahm. Sie fand, daß ich genauso bettelnd und gierig geguckt hätte. Nicht auf den Pelz, sondern auf sie. Monatelang haben wir in bestimmten Situationen NACH EINEM LÖFFEL SUPPE gerufen, nachdem wir »Potemkin« gesehen hatten. Aber besser als alle anderen fand sie »Citizen Kane« von und mit Orson Welles. Besonders die Szene, wo der alte Mann auf dem Sterbebett liegt und ihm die gläserne Kugel mit dem stiebenden Schnee aus den sterbenden Händen fällt und er dabei ROSEBUD murmelt. Und jedes Mal, wenn ich mich zu Hause auf das Sofa legte, mit einem Tennisball in den Händen, und den fallen ließ und naturgetreu »rosebud« stammelte, brach sie beinahe in Tränen aus. (Sicher, weil sie dann an das Sterbebett ihres Vaters denken mußte. Ich habe ihr nie gesagt, daß er als letztes den Witz von den zwei Jungs erzählte, die nach Paris gingen. Wenn es etwas so Schönes gewesen wäre wie rosebud, wenn er zum Beispiel Butterblumenblättchen gesagt hätte, vielleicht hätte ich ihr das erzählt. Aber bei Gott, das Leben ist kein Film. Die Jungs, die gingen nicht.) Am meisten gelacht hat sie über den Film mit Mae West, in dem die an der Tür ihres Hauses von einer reichen Dame sehr hochnäsig behandelt wird, die sie bittet, ihren Mann in Ruhe zu lassen, und dann als Reaktion, als sie wieder ins Zimmer kommt, gebieterisch zu ihrem Dienstmädchen sagt: »Peel me a grape.« Weil die Pfuscherclique in Den Haag in ihrer Rüstungshysterie mal wieder das Hundertste ins Tausendste hatte laufen lassen und ein Loch ins Staatssäckel gebohrt hatte, das sie mit einer Ausgabeneinschränkung stopfen wollte, fand ich mich bei der Künstlerhilfe wieder. Statt zu Reichtum und Ruhm kam ich auf den Hund und an den Bettelstab. Wenn ich ihr dann die paar Gulden, die ich von der Künstlerhilfe bekam, für den Haushalt zusteckte, sagte sie oft mit eleganter Handgebärde: »Peel me a grape.« Und frohgemut ging sie dazuverdienen, schweißte Plastik-Babyunterhöschen in einem Betrieb ganz in der Nähe. Für einen Gulden in der Stunde. Und wenn sie dann von acht bis zwölf gearbeitet hatte und mit Plastikstaub in den Haaren und von mechanischer Arbeit verkrampften Fingern mit nur vier selbstverdienten Gulden nach Hause kam, war sie stolz, unser Essen für den Tag allein verdient zu haben. Hatte sie das Geld ein paar Tage stehengelassen und Samstagmorgen auch noch gearbeitet, kam sie oft mit einer kleinen Flasche Genever, einer großen Flasche Cola und einem halben Pfund gesalzenen Erdnüssen nach Hause. Dann saßen wir nachmittags gemütlich vor den offenen Türen des Ateliers und tranken und knabberten und lauschten Platten von Parker, Miles Davis und Sonny Rollins, die ich von dem Materialgeld gekauft hatte, das ich alle drei Monate bekam. Slow boat to China. How are things in Glocca Morra, Sipping at Bells, Chasing the Bird. Als sie bei der Sozialversicherungs-Bank zu arbeiten begann und viel mehr Geld verdiente, brachte sie am Wochenende stets ein paar Pflanzen mit. Vor allem Kakteen. Sie legte auf der Fensterbank eine richtige Plantage an. Wie eine kleine Tribüne. Als ob die dikken saftigen Dinger bestimmt gut sehen müßten, was auf der Straße passierte. Senkrecht stehende stachelige Gurken, liegende saftige Essiggurken, bedeckt mit silbergrauem Haar. Und vor allem lebende Steinchen. Ganz einfach ein Stückchen (von etwas, das sehr widerlich war) mit Wurzeln. Sie war verrückt danach und konnte stundenlang zuschauen, als ob die Dinger ein Ballett für sie aufführten. Aber für mich waren's verfaulte Brustwarzen oder das Loch einer alten Hündin. (Als sie von mir weggegangen war und ich dem Kaktuszeug, nachdem ich mich vier Wochen nicht drum gekümmert hatte, wieder mal Wasser geben wollte, war es schon zu spät. Sie waren vertrocknet und verschrumpelt und sahen aus wie Kroketten, die einen Monat in der Sahara gelegen haben.) Im Büro waren sie anfangs sehr begeistert von ihr, aber auf die Dauer war sie dort unerträglich. Sie konnte die Verdiensteinbußen, die durch ihr Äußeres entstanden, nicht durch eifriges Arbeiten wettmachen. Ihr Abteilungschef schickte sie dauernd mit sogenannten Dossiers durch das ganze Gebäude zu den Chefs anderer Abteilungen. Und als sie einmal auf dem Gang so eine Mappe öffnete, war da nur ein Bogen Schreibpapier drin, auf dem mit Kugelschreiber geschrieben stand: »*Lieber Arthur, ich schick Dir das Allerbeste. Sieh's Dir gut an. Was für'n Schnuckelchen, he! Guck sie Dir mal an, wenn sie geht. Hup, hup, hup! Du begreifst sicher, was ich meine. Wilhelm.*« Und dann gingen sie meistens wieder eine Viertelstunde auf die Toilette. Darum mußte sie da weg, oder sie hätte die ganze Maschinerie der Auszahlung an psychisch Gestörte und andere Invalide »im Sinne der Gesetzgebung«, wie das heißt, total durcheinandergebracht. Da war es dann für eine Weile vorbei mit dem Genever und dem Jazz. Aber ich fand's prima, daß ich sie nun wieder den ganzen Tag um mich hatte. Und sie vertrug die Armut ganz gut. Sie fand's gemütlich und behaglich, wie sie mir einmal erzählte. Sie konnte endlich wieder zeigen, was sie aus einem geräucherten Bückling und ein paar Tomaten, Petersilie und einem hartgekochten Ei zu machen verstand. Manchmal, wenn sie es nicht aushalten konnte, weil sie Appetit auf etwas Leckeres hatte, fragte sie wie ein kleines Mädchen: »Darf ich Törtchen machen?« Dann kaufte sie frisches Brot und ein halbes Päckchen gute Butter. Mit genußsüchtigem Gesicht setzte sie sich an den Tisch, schmierte wollüstig eine dicke Lage Butter auf das Brot und streute einen Zentimeter dick

Schokoladenhagel drauf und darüber gestampften Aniszucker. Winter in Leckerland, nannte sie das. Oder sie kleisterte das halbe Glas Erdbeermarmelade auf zwei Butterbrote, darüber Schokoladenflocken und das bedeckt mit einem rosa Scheibchen Kokosbrot. Dann saß sie da, den großen Mund voll Marmelade und Flocken, und genoß schelmisch und mit Verschwörermiene. Denn Törtchen machen, das durfte sie früher immer bei ihrem Vater, wenn sie über Mittag nach Hause kam und ihre Mutter wieder bei Freundinnen war. Dann begann er selbst mit seiner Ration von zwei dünnen Butterbroten mit zwei Scheibchen Käse, die sie für ihn auf die Anrichte gestellt hatte. Aber wenn er dann das Geschmause seiner Olga sah, konnte er sich nicht länger beherrschen und sagte flüsternd, als würde sein falscher Schutzengel hinter der Tür lauschen: »Mach für mich auch mal so'n Törtchen.« Und wenn er dann drei oder vier begierig in sich hineingestopft hatte, wischte er die Krümel von seinem Teller auf den von Olga und sagte: »Nichts Mama erzählen, verstehst du.« Törtchen durfte sie bei mir also essen, so viel sie wollte; aber anstatt in Jazzkonzerte und Filme zu gehen, gingen wir in die freie Natur, die keinen Eintritt kostete. Zu Plätzen, die später beinahe gleichzeitig mit ihr verschwanden. Aufgefüllt mit Sand und vollgebaut mit Hochhäusern. Der Zuidelijke Wandelweg mit den orangefarbenen Tennisplätzen hinter den hohen Fliederbüschen und den verfallenen Schuppen und undefinierbaren Scheunen. Die Schulgärten, in denen Kinder in der sumpfigen schwarzen Erde der kleinen Gemüsebeete wühlten. Die unordentlichen, weißgekalkten Gewächshäuser sahen aus, als hätten sie ihre Farbe von einer darüber in den Bäumen sitzenden Reiherkolonie. Die Blumen, von denen man sich dort für fünfzig Cent so viele pflücken durfte, wie man tragen konnte. (Hier hatte ich den Einfall, die große Persephone nach ihr zu gestalten.) Das Ländchen, in dem im Herbst Goldruten zwischen dem Schilf standen, von denen Jungens große Büsche für ihre Mütter mitnahmen, wenn sie sich nasse Schlammlatschen geholt hatten. Und wo fast immer ein paar Jungens aus einer selbstgebauten Hütte riefen, wenn wir Arm in Arm vorbeikamen: »He, gib ihr mal 'nen anständigen Kuß, na los!« Und einmal kichernd, so daß wir erst dachten, es sei Spaß: »Hallo, mein Herr, Hallo, Sie, hier ist ein Mann, der an unseren Piller ran will. Ist das nicht Schweinkram?« Aber dann sahen wir plötzlich ein mieses Männchen durch das Schilf zu seinem Fahrrad huschen und wie ein Hase Reißaus nehmen. Der Buitenveldertse Wandelweg, der durch tiefe sumpfige Weiden mit klaren kleinen Gräben führte, über die man in Gedanken selbst mitten im Sommer die gebogenen dunklen Gestalten auf Schlittschuhen von der Stadt kommend über die Polder ausschwärmen sah. Die mit Weidendickicht bewachsene Wegbiegung, wo die Bänke standen, auf denen sie so oft, die Schuhe abgestreift, ganz lang ausgestreckt mit ihrem Kopf in meinem Schoß lag und den Geräuschen lauschte, die gedämpft aus den Schrebergärten kamen. Wenigstens wenn da kein Mann saß und auf die einsam vorbeiradelnde Krankenschwester wartete, der er seinen Pimmel zeigen konnte. Und dann der Deich, wo fast immer mehr Voyeure als schmusende Pärchen waren, so daß es manchmal schien, ein Kamerateam wolle eine Liebesszene auf Zelluloid bannen. Die Krümmung des Flusses, von oben gesehen, mit Blick auf die sich schräg durchschiebenden Frachtkähne, die Decks voller roter Kisten oder orangefarbener Fässer, wo tief unter einem die Reiher, von gleicher Farbe wie das Wasser, über die kleinen Wellen segelten und die Stimmen der Ruderer heraufschallten, als wenn sie dichtbei wären. Seitlich in der Ferne die Bäume von Amstelrust, aus denen manchmal eine ganze Kolonie Krähen in die Luft ging, grad so, als würden die Kronen der Bäume plötzlich anschwellen. Da, an der Stelle bei dem Fluß, aß sie einmal acht Portionen Wassereis, die ich für sie beim Eismann an dem verrosteten Fahrradstand beim Mirandabad gekauft hatte, hintereinander auf. Natürlich bekam sie davon Bauchschmerzen, und während des Heimwegs ging sie vornübergebeugt und die Hände auf den Magen gepreßt. All die kleinen alltäglichen Dinge wußte sie noch nach Jahren, als zwischen uns schon alles hoffnungslos und verloren war. Als sie unerwartet mal vorbeikam. Ich zwang sie ganz einfach, mit mir im Dunkeln zum Deich zu wandern. Ich war selbst einige Jahre nicht dort gewesen. Der Deich war schon beinahe ebenerdig mit dem aufgeschütteten Land ringsherum. Die hohen Ligusterbüsche waren verschwunden, und tiefe Spuren von Bulldozern liefen durch die Erde. Da brannte ein Feuer von alten Koffern und kaputten Lehnstühlen und all dem Zeug, das sich so im Laufe der Zeit an solchen Stellen ansammelt. Sie stellte sich so dicht an das Feuer, daß ihre Haut sich durch die Hitze straffte und sagte: »Feuer ist das Schönste, was es gibt.« Dann sahen wir zu den hohen Kulissen der erleuchteten Fenster, und ich versuchte ihr zu zeigen, wo alles mal gewesen war. Aber das wußte ich selbst auch nicht mehr. Auf dem Rückweg sagte sie, daß wir am 1. Januar vor sechs Jahren Lammfleisch mit Brechbohnen gegessen hätten. Und Aprikosen als Nachtisch. Ich mußte an einen Satz aus dem Brief eines Freundes denken, den er mir geschrieben hatte, kurz nachdem sie von mir weggegangen war: »Ihr habt so animalisch glücklich gelebt, das ist ganz einfach vorbei.«

Eine Maus mit einem Trauma

Sie hatte keine Angst vor Mäusen oder Spinnen. Als die Katze eines Sommerabends hereinkam, mit einer Maus zwischen den Zähnen – nur der Schwanz ragte mit zierlichem Kringel heraus, so daß die Katze Salvador Dali ähnelte –, nahm sie ihr die Maus sofort ab. Die Katze wollte sicher nur damit spielen, denn dem Mausetierchen fehlte nichts. Es war nur klatschnaß vom Katzenseiber und ein Ohr saß ganz und gar verfriemelt am Köpfchen angeklebt. Wir setzten es auf einige Schnipsel Zeitungspapier in einen Eimer und ließen es wieder zu sich kommen. Als wir nach ein paar Stunden nachguckten, saß es mit seinem prächtigen lockeren Pelz – man hätte am liebsten hineinpusten mögen, wie der Mongole in »Sturm über Asien«, so schön war es – auf seinen Hinterpfötchen und wusch seine Schnauze. Auch sein Ohr war wieder ganz und gar entknittert, und sofort aß das Mäuschen auch Brotstückchen aus meiner Hand. Wir wollten, daß es sich noch etwas von dem Schreck erholen sollte, und es erst am nächsten Tag freilassen. Als wir am nächsten Morgen noch einen Blick auf Jonathan, wie Olga es getauft hatte, werfen wollten, bevor wir es freiließen, kam plötzlich die Katze neugierig zwischen uns, stellte sich mit den Pfoten auf den Eimerrand und lauerte nach unten. Und sofort, als wenn bei einer abgehackten Hühnerzehe an einer Sehne gezogen würde, saß das Ohr wieder verfriemelt am Kopf. Als wir die Katze wegschoben, war's wie mit Zauberschlag wieder gut. Olga wollte die Maus nun behalten, weil sie es interessant fand, eine Maus mit einem Trauma als Haustier zu haben. Aber nach einigen Tagen konnte ich sie dazu bewegen, das Tierchen, das stets in dem Eimer hochsprang und dann mit einem Plumps wieder zurückfiel, in ein Mäuseloch unter der Anrichte zu schieben. Später hörte ich, daß das Mäuschen wahrscheinlich einen schrecklichen Tod gestorben ist. Daß Mäuse jeden fremden Artgenossen umbringen, der in ihre Domäne eindringt. Und zwar nicht durch einfaches Kehledurchbeißen, sondern sie beginnen einfach, den Eindringling aufzufressen, denn das fremde Element muß so schnell wie möglich verschwinden. (Was die Maus nicht kennt, das frißt sie.) Man sagt, daß Menschen, die keine Kinder kriegen können oder aus dem einen oder anderen Grund keine haben wollen, dafür Kompensation bei Tieren suchen. Olga war noch keinen Monat bei mir, da wollte sie ein Kätzchen haben. Als ich einmal auf dem Albert-Cuyp-Markt Gemüse einkaufen ging, sah ich ein kleines Kätzchen an der Scheibe der Tierhandlung stehen. Ich stellte mein Fahrrad ab und betrachtete andächtig das wuschelige Tierchen. Es war rot-schwarz gefleckt, das gleiche Rot wie Olgas Haare. Es hatte ein helles Fleckchen am Schwanz, und von der Stirn zur Nase lief ein dünner Streifen, der ihm das Aussehen eines kleinen Luders gab. Aber das Profil seines Köpfchens war so edel wie das eines Tigers. Da wir doch schon über Mäuse mit Trauma gesprochen haben, kann ich ruhig zugeben, daß ich durch die Zwiespältigkeit seines Charakters, die durch sein Äußeres so manifest wurde, zu dem Entschluß kam, das Tierchen für Olga zu kaufen. Weil es, dachte ich, ihr ähnelte. Und natürlich auch, weil es so klagend miaute, als ich gegen die Scheibe klopfte und weil, nur getrennt durch ein Stück Drahtgitter, neben ihm drei Wollknäuelhunde waren, die sich wild balgten und ihm Angst machten. Für zweieinhalb Gulden wurde das Kätzchen mein Eigentum. Weil es regnete, nahm ich es unter meine Jacke an die Brust. Unterwegs kroch es über die Schulter zu meinem Arm, und als ich mit ihm nach Hause kam und zu Olga sagte, sie solle sich hinsetzen, weil ich eine Überraschung für sie hätte, konnte ich ihr das Kätzchen einfach aus meinem Ärmel in den Schoß schütteln. Sie umarmte mich mit dem Kätzchen zwischen uns und ging sofort los, um eine kleine Bürste für sein glänzendes Fell zu kaufen und extra Schüsselchen für Fleisch und Fisch und Katzenbrot. Nach einer Weile hatte die Katze sich so an Olga gewöhnt, daß sie noch eher als ich an deren klappernden hohen Absätzen und kräftigen Schritten hören konnte, daß das Olga war, die da ankam. Und wenn sie einkaufen ging und die Tür hinter sich offen ließ, lief die Katze mit ihr und blieb an der Straßenecke sitzen und wartete, bis sie zurückkam. (Als Olga schon ein Jahr weg war, lief die Katze immer noch zur Tür, wenn sie hohe Absätze in kräftigem Rhythmus näher kommen hörte. Und das hat mich anfangs irritiert. Dann zitterte ich vor Spannung, weil ich dachte, daß sie zurückkäme. Aber sie gingen vorbei, die Schritte. Plötzlich hörte die Katze damit auf. Sie hatte es aufgegeben. Ich glaube sicher, daß sie unter Olgas plötzlichem Verschwinden mehr gelitten hat als ich.) Rote Olga. Olga der Tiere. Potnia Theiroon, Herrscherin über die Tiere, wie unser Professor für Kunstgeschichte erklärte, bei einer Abbildung von Artemis, die in jeder Hand ein katzenartiges Wesen am Nackenfell hochhebt. Könnte man ihre Zeit mit mir tatsächlich auf Siebenmeilenstiefeln durcheilen, man käme von einer Tier-»Geschichte« zur anderen. Fangen wir an mit den Katzen. Denn es wurden schon bald mehrere. Als das Kätzchen erst einmal erwachsen war, wurde es zweimal im Jahr schwanger. Körbe voller Junge. Kleine rote Katerchen, schwarze Kätzchen und alle Schattierungen dazwischen. Die Katze träge auf der Seite, mit ihren roten Zitzen und daran die ganze Korona, sich sternhagelvoll trinkend. Und einmal, an so einem drückenden Augusttag, wo die Wärme sich auf einen zu legen scheint, gebar die Katze schon wieder, und Olga holte selbst das letzte Junge heraus, das steckengeblieben war. Aber die Katze blieb liegen, keuchte immer schneller und hatte überhaupt kein Interesse an ihren Jungen. Mitten in der Nacht mußten wir mit einem Taxi zum

Tierarzt. Es stellte sich heraus, daß noch ein Junges drin saß, das tot war und durch die Wärme schon zu verwesen angefangen hatte. Die Katze mußte sofort operiert werden. Den Arm um Olgas verschwitzten Körper geschlungen, saß ich mit ihr in dem schwülen Wartezimmer, in das auf einmal vom Gang der Geruch von Äther hereinwehte. Sie krümmte sich zusammen, als sie das roch, denn wir wußten, daß es nun begonnen hatte. Plötzlich gab es einen gewaltigen Donnerschlag, und hinten im Garten fingen in der Dunkelheit die Pappeln zu rauschen an, ohne daß man den Wind bemerken konnte. Dann prasselte plötzlich der Regen herunter. Sie dachte bestimmt, daß alles schiefgehen würde, der Doktor die Katze nicht mehr würde retten können. Das kam durch das unheilverkündende Gewitter und die Blitze, die immer wieder die Gärten lichtweiß erleuchteten, so daß man für den Bruchteil einer Sekunde all die Bäume sah, die man nie zuvor in seinem Leben wahrgenommen hatte. Als wenn da wieder mal anständig gemickymaust wurde, in diesem dramatischen Vorfilm. Aber auf einmal stand der Tierarzt lachend und mit blutiger Schürze um seinen gestreiften Pyjama in der Türöffnung. Wir durften die Katze ganz kurz sehen. Sie lag in einem Käfig auf einem Rost.

Naß und zerknittert und noch nicht wieder zu sich gekommen. Auf ihrem Bauch war ein kahler blaßroter Fleck, und da war das Fleisch wie zu einem Fleischröllchen zusammengerafft. Der Tierarzt sagte, daß wir sie in einer Woche holen dürften, und bevor wir weggingen, umarmte Olga ihn und gab ihm auf jede Wange einen schmatzenden Kuß, weil er doch seine Nachtruhe geopfert hatte. Ich glaube, daß er die damit ganz verloren hatte. Das war die Katze. Danach kamen die Tauben. Mit denen kam sie eines Tages vom Geflügelmarkt auf dem Amstelfeld nach Hause. Zwei sandfarbene Turteltauben mit einem schwarzen Band unter dem Kopf. Ich fing sofort an, einen Verschlag für sie zu machen, mit blauen Sitzstangen und Muschelsand auf dem Boden. Anfangs fand ich es recht angenehm, das Gegurre, und es war ein geiles Pärchen, denn sie bumsten wohl noch öfter als wir. Und danach lachten und kicherten sie wollüstig, so daß man selbst auch wieder Lust dazu bekam. Das war nicht ganz ohne poetische Aspekte. Ein junges verliebtes Ehepaar auf dem Bett. Seine Nacktheit halb von Laken verdeckt und dazu das Gurren der Tauben. Aber der Liebestrieb der Krachmacher nahm seinen normalen Lauf, denn innerhalb weniger Monate saß das Weibchen auf zwei Eiern. Olga konnte einfach nicht von den Eiern wegbleiben. Sie mußte ständig daran herumhorchen, und eines Tages hörte sie leises Ticken, sagte sie. Und sie dachte, da würden kleine prächtig gefiederte Vögelchen rauskommen. So eine Art samtweiche Zaunkönige oder kleine Küken. Aber dann lagen da eines Morgens zwei dieser ekelhaften kahlen Darmsäcke mit ihren prähistorischen Köpfen im Nest. Olga war furchtbar enttäuscht. Und ihr wurde übel, als die Eltern mit Rülpsgeräuschen das halbverdaute Futter in die Jungen erbrachen. Je größer die wurden, desto abscheulicher sahen sie aus. Sie wurden von Tag zu Tag blauer und ältlicher, und als wär's eine Krankheit, sah man die Därme und das Adergeäst durch sie hindurchwuchern. Da wollte Olga sie nicht mehr haben. Ich weiß warum. Ich habe sie nie danach gefragt, aber es war bestimmt wegen der Krebstitte ihrer Mutter. Denn daran mußte ich auch immer denken, wenn ich die von runzeligem Fell zusammengehaltenen Eingeweideknäuel sah. Als eines Tages eine ihrer Freundinnen kam, die ganz begeistert von den Täubchen war, konnte sie die Vögel sofort von Olga unter Anschaffungspreis kaufen. Und sie hat nie wieder über die geilen Lachmäuler gesprochen. Nach den Tauben kamen die Baumfrösche. So grün wie Moos, und sie hielten wenigstens ihren Mund. Wohl blies manchmal einer seine schmutzig-weiße Blase unter der Kehle auf, aber bis zum Quaken habe ich es nie kommen hören. Olga hielt sie in einem Glasgefäß, in das sie ein paar Mal in der Woche frische Zweige mit Blättern reinlegte, und fütterte sie mit Tubifex und Mehlwürmern, die sie in einem Topf unter laufendem Wasserkran so lange wie möglich frisch zu halten versuchte. Manchmal konnte sie eine ganze Weile dasitzen und nach dem beweglichen rosa Klumpen mit den unzähligen zitternden Enden sehen; und einmal sagte sie, daß, falls man eine Seele hätte, die wohl ungefähr so aussehen müsse. Als ich das Geplätscher des Wassers, das sich anhörte wie durch die Dachrinne ablaufender Regen, einmal satt hatte und den Kran abdrehte, war aus dem seeanemonenartigen Klumpen in einer Nacht fleischfarbener Modder geworden. Und so sah eine Seele vielleicht eher aus. Manchmal setzte sich Olga einen Baumfrosch auf die Hand und ließ ihn dann zu einer Pflanze springen. Oder wir machten, als wenn sie Spielzeug wären, einen Weitsprung-Wettkampf mit ihnen. Aber meistens lebten sie in ziemlicher Vergessenheit vor dem Fenster der Rumpelkammer, denn man konnte sich nur mit

Mühe am Kinderwagen vorbeizwängen und zu ihnen gelangen. Als Olga von mir weggegangen war und ich betäubt von Elend wochenlang im Bett verbrachte, hat die Katze den Gazedeckel von dem Glaskasten gestoßen. Die Baumfrösche entflohen, und im Laufe der Zeit fand ich sie total vertrocknet hier und da zwischen allem möglichen Krempel. Sie waren noch eindeutig als Frösche zu erkennen, aber so hart wie Zelluloid. Dann kam eine Eintagsfliege. Das Wieselchen. Ich sah es um die Ecke laufen, als ich meinen Kopf zur Ateliertür rausstreckte. Sofort stürmte ich hinterher. Hinter dem hellen braunen Streifen, der durch die spaltbreit geöffnete Tür verschwand. Als ich vorsichtig die Tür etwas weiter öffnete und nach drinnen guckte, spähte hinter Handfeger und Schippe hervor ein kleines Köpfchen mit zwei dunklen Äuglein nach mir. Ich rief Olga, nahm einen leeren Mülleimer vom Treppenabsatz und sagte ihr, daß sie den vor den Türspalt halten müsse, wenn ich in den Flur gegangen wäre. Wenn ich dann riefe, solle sie den Mülleimer sofort senkrecht stellen und den Deckel zuschlagen. Dann ging ich rein. Wieder sah das schlaue Köpfchen ganz kurz zu mir herüber, verschwand aber sofort wieder. Ich schlich in die Ecke und klopfte gegen Handfeger und Schippe. Ein brauner Pfeil schoß zur Türöffnung. Ich schrie Olga was zu und hörte auch schon das Zuschlagen des Mülleimerdeckels. Bei der Eile, in der alles geschehen mußte, hatte sie überhaupt nichts gesehen. Wir wußten nicht, ob das Wieselchen in der Falle saß. Wir nahmen den Mülleimer mit ins Atelier, und als ich ihn da öffnete, sprang das Tier mit einem Satz einen halben Meter hoch über den Rand. Aber Gott sei Dank senkrecht in die Höhe, so daß es mit einem Plumps zurück in den Eimer fiel. Den Deckel blitzschnell wieder drauf, einen Wattebausch mit Äther rein, und nach kurzer Zeit hielt ich das Tierchen mit dem weißen Bauch wie eine dicke Krawatte am Nackenfell. Wir legten es in den alten Taubenschlag und es kam auch schnell wieder zu sich und fraß sofort gehacktes Beefsteak, das ich an einen Pinselstiel knetete und durch das Gitter steckte. Es muß ausgehungert gewesen sein, denn es fraß das ganze Beefsteak auf einmal auf. Olga wollte das Wieselchen behalten, und sie hätte beinahe die Tür geöffnet, um es zu streicheln. Aber ich sagte, daß sie das besser sein ließe, denn ihre zehn Finger würde sie noch zum Schweißen der Plastik-Babyunterhosen bitter nötig haben. Daß man so ein Raubtierchen nicht im Käfig halten sollte, denn das wäre eine Quälerei für das Tier. Ich ging sofort zu Nachbarn und holte einen Glaskasten, in dem ich es mit dem Fahrrad problemlos transportieren und draußen irgendwo würde freilassen können. Und Olga sollte in der Zwischenzeit das Tierchen nicht aus dem Auge verlieren. Als ich zurückkam, war sie verzweifelt. Sie hatte nur die Post aus dem Briefkasten geholt, und als sie wieder ins Atelier gekommen war, war das Wieselchen schon geflohen. Ich konnte es einfach nicht glauben. Die einzelnen Gitterstäbe hatten nur einen Zwischenraum von einem Zentimeter, und nirgends war ein Stab verbogen oder sah ich Haare von seinem Pelz. Wir fingen sofort an, das ganze Atelier zu durchsuchen, aber von dem Wiesel fanden wir keine Spur. Ich dachte, daß es womöglich durch ein kleines Loch im Fußboden entwischt war, vielleicht durch ein Mäuseloch, und jedesmal, wenn ich später in meinem Atelier Steine und Mauerbrocken versetzte, erwartete ich, daß es total vertrocknet und plattgedrückt dazwischen sitzen und wie ein Stückchen Papier umfallen würde. Als zwei Jahre später der große Radiator der Zentralheizung abmontiert wurde, weil er gestrichen werden sollte, und Olga den ganzen Krempel, der im Laufe der Jahre dahintergeraten war, endlich aufräumen konnte – Stücke Kalkstein, noch von vor dem Krieg, rostigen Draht, Gipsbrokken, ein kleines Stückchen Leinen, mit ungeschickt in Ölfarbe draufgemalten Vögelchen –, kam sie plötzlich feierlich und dramatisch auf mich zu, mit etwas Rotbraunem in der Handmulde. Ich bekam einen Heidenschreck, denn ich dachte, ihre Haare wären ausgefallen. Aber was sie da hatte, das war alles, was von dem Wieselchen übriggeblieben war. Nur pergamentartige Haut, von der das Fell sich löste, wenn man es nur berührte. Nicht mal der Mühe wert, es zu begraben. Es kam, mit dem rostigen Draht, in dem es sich verheddert hatte, und dem anderen Krempel, ohne Federlesens in den Mülleimer. Danach kam ein lieber kleiner Hausfreund, der, als er bei einem abscheulichen Unglück ums Leben gekommen war, sehr wohl eine echte Beerdigung bekam. Mit Blumen und Tränen und allem was dazugehört. Hinten auf dem Fahrrad, in einer Zigarrenkiste, wurde er transportiert. Als ich im Amsterdamer Stadtwald unter einer großen kühlen Esche mit meinen Fingern ein Loch gegraben hatte und die Kiste da reinlegte und Olga schluchzend die Orchidee drauflegte, die sie von ihrem eigenen Geld gekauft hatte (für fünf Gulden, sie hatte dafür also fünf Stunden

Plastik-Babyunterhosen schweißen müssen) und ich Sand darauf gestreut hatte und mir die Finger schmerzten, und zwar nicht wegen der lieben weiß-schwarzen Brandente, die da zertreten in der Zigarrenkiste lag, sondern wegen der Orchidee, die lebendig begraben wurde, mußte ich Olga stützen, sonst wäre sie auf den Waldboden in die Brennessel gesunken. In den Ferien fuhren wir stets nach Ameland (im Speisewagen des Zuges nach Leeuwarden schon kleine Flaschen Sherry schlürfend, und dann halbbetrunken auf das Boot in Holwerd), wo wir auf dem Campingplatz gleich hinter den Dünen ein Zelthäuschen mieteten, das bis in Schulterhöhe aus weißgekalktem Holz hochgezogen war, darüber dann Zeltbahn, durch die ein seltsames Licht hereinfiel. Teefarben und warm, wenn die Sonne schien, und wenn der Himmel bewölkt war, sah es aus wie Eispfefferminz. Da war kilometerlanger Strand, wo außer uns beiden niemand hinkam, wo wir den ganzen Tag nackt rumliefen, wo sie in einer flachen Pfütze mit ihrem schönen Hintern herrlich auf mir sitzen und reiten konnte. Oder sich bumsen lassen konnte auf einer Sandbank in der Sonne, zwischen Seetang und blauen Quallen mit violetten Rändern wie an einem Unterrock. Da habe ich auch das Bild von ihr geknipst, wie sie auf dem Rücken liegt, im weichen Sand, mit wilden Röschen im Haar, die ich da rein gesteckt hatte, und mit ihren Brüsten senkrecht nach oben, so daß mich mal jemand fragt: »Gibt's so was überhaupt?« (Ich habe damals nicht darauf geantwortet, denn sie war schon lange von mir weg, und ihre Brüste, die herrlichen harten und doch so weichen Hügel, waren durch ihr dummes, liederliches Leben, ihr Saufen und ihre Nachtschwärmerei auch schon total verwelkt.) Und da in den Dünen fand sie die kleine Brandente. Die lief sofort hinter ihr her, genau wie ich's schon mal gelesen hatte, daß sie's tun, wenn sie ihre Mutter verloren haben. Das erste Lebewesen, dem sie begegnen, ist ihre Mutter. Ob das nun eine schöne Frau wie Olga ist oder ein Muschelfischer mit krummen behaarten Pfoten und vom Seetang schmutziggrau gewordenen Nägeln. Besser hätte es das liebe flockige schwarz-weiß gezeichnete Tierchen nicht treffen können. Vom Postamt in Nes aus rief ich sofort einen Biologen an, der mir sagte, daß die Tierchen wohl durchzukriegen seien, mit Happen von frischem Fisch und Garnelen. Aber auch, daß sie nachts Mutterwärme nötig hätten. Und das war das Schwierige, denn man konnte sie nachts wohl auf der Brust schlafen lassen, aber dann wachte man beschissen auf. Normalerweise schläft die ganze Korona unter der Mutter, mit den Hinterteilen nach draußen. Wenn eines scheißen muß, pfeift es ganz kurz, und bevor der Köttel rausspritzt, richtet sich die Mutter kurz auf, damit ihre Federn nicht als Klopapier mißbraucht werden. Die ganze Geschichte erzählte ich Olga, die mit weit ausgebreiteten Armen, in denen die Ente auf und ab lief, am Tisch saß. Sie sagte, daß sie so viel für das Tierchen übrig hätte. Und so schlief sie jeden Abend auf dem Rücken ein, mit dem Tierchen zwischen ihren Brüsten. (Manchmal, wenn ich früh wach wurde und sie so liegen sah, war's, als hätte sie drei Brüste. Zwei normale, aus leckerem rosa Menschenfleisch, und dazwischen eine für den Winter, bekleidet mit flockigem Pelz.) Vor dem Schlafengehen wickelte sie ein Tuch um das Schwanzende des Entchens, und meistens half das auch, aber manchmal wühlte es sich da raus, und dann wurde Olga wach mit Brüsten, die aussahen wie das Euter einer Ziege, die im Schlamm gelegen hat. Mit den verschmutzten nackten Titten rannte sie dann in aller Frühe quer durch das schlummernde Zeltlager zur See und spülte sie ab in dem salzigen Naß, wo ich schon mit einem Garnelennetz beschäftigt war, kleine Seezungen, Schollen und Garnelen für das Höhlenentchen zu fangen. Und wenn dann ein paar Brandenten würdig und kraftvoll fliegend über uns hinzogen, sagte ich zu ihr, daß unser Entchen auch so werden würde. Dann wurde sie traurig, denn sie wußte, daß sie es einmal würde freilassen müssen. Und da arbeitete das Tierchen mit aller Kraft drauf zu. Es wuchs so schnell, daß wir, als unsere Ferien vorbei waren, eine Kiste brauchten, um es mit nach Amsterdam zu nehmen. Es hatte kleine Flügel bekomen, mit denen es, das Körperchen gestreckt, so selbstsicher flattern konnte, als wollte es die Schwingen der Freiheit schon mal versuchen. Und es lief überall hinter Olga her. Sogar über die Straße, wenn Olga zum Bäcker ging, lief es mit und verursachte Verkehrsstauungen. Und wenn ich im Atelier, wo ich an einer Statue von Olga arbeitete, mit einer Katze in ihren Armen, die Kleie für das Modell naßgespritzt hatte, lief es durch die Pfützen auf dem Boden und trampelte rum, als ob Seewürmer aus dem Beton kommen könnten. Und da ist das Verhängnisvolle geschehen. Während ich rückwärts ging, um aus einigem Abstand auf die Statue und Olga zu sehen, trat ich auf das Brandentchen. Es hörte sich an, als zerbräche in ihm ein hölzerner Rahmen. Zuckend lag es zu meinen Füßen, und Olga krampfte sich mit einem Schrei zusammen. Den ganzen Tag saß sie, das tote Tierchen in der Höhle zwischen Körper und angezogenen Beinen, an die Wand gelehnt da und heulte. Von Zeit zu Zeit setzte ich mich neben sie, legte meinen Arm um sie und weinte mit ihr. Aber sie war untröstlich. Und ich glaube, daß darum die Statue der Frau mit Katze so ergreifend geworden ist. Denn sie stand so traurig Modell, und es ließ sie monatelang nicht los. Und im Gegensatz zu der Statue »Frau mit Kind«, die ich früher von ihr gemacht hatte und von der eines der Kommissionsmitglieder gesagt hatte, daß es so aussähe, als ob die Frau Angst vor dem Kind hätte, sagte ein Mitglied der Ankaufkommission von der Statue »Frau mit Katze«, als ich sie der Stadt Groningen verkaufte: »Die Frau, die steht da mit der Katze, als hätte sie ein geliebtes Kind im Arm.« Als Olga von mir weggegangen war, stand das Gipsmodell der Figur überall im Land auf Freilichtausstellungen. Wenn sie dann wieder mal ankam, nach der zweiten oder dritten mißglückten Ehe, sagte sie nicht ohne Stolz: »Ich habe mich selbst wieder mal stehen gesehen. Mit der Katze. In Rotterdam in der Lijnbaan.« Als sie in Bronze gegossen und verkauft war, kam ich eines Nachts spät nach Hause, und da stand sie dann plötzlich wie ein weißer Schatten vor meiner Ateliertür. Ich erschrak so sehr, daß es eine ganze Weile dauerte, bis ich begriff, daß der Bronzegießer das Gipsmodell zurückgebracht hatte und, weil niemand zu Hause war, es einfach vor die Tür gestellt hatte. Ich mußte eine Weile gegen die Tür gelehnt stehenbleiben, bis alle Emotionen sich gelegt hatten und ich wieder so weit zu Kräften gekommen war, die Figur reinzuschleppen und auf den Platz zu stellen, auf den sie gehörte. Wo sie immer stehengeblieben ist. Bis auf den heutigen Tag.

Miß Wespentaille

Was war geschehen? Mit ihr, mit Olga? Was hatte sich verändert im Laufe der Jahre? Oder war ich blind gewesen für etwas, was da schon immer gewesen war? Hatte ich nicht gesehen, daß das liebe rote Tier, zu Beginn zögernd und beinahe unmerklich, aber später stets heftiger sich aus meiner Umarmung befreien wollte? Das fragte ich mich, nachdem sie gerade erst von mir fort war, in all meinem Verlangen und meiner Verzweiflung immer wieder. Denn es war natürlich nicht wahr, was ich später schon mal so sagte, daß sie niemals von mir weggegangen wäre, wenn ich kein Telefon bekommen hätte. Ich traf sie, wenn ich nach Hause kam, allerdings immer häufiger dabei an, daß sie gerade mit ihrer Mutter telefonierte. Vor allem nach dem Tode ihres Vaters war das nicht verwunderlich. Aber daß sie, sobald ich dabei war, plötzlich nichts mehr zu erzählen wußte und sofort den Hörer auflegte, machte mich auf die Dauer argwöhnisch. Und auch, daß ich es ihr später anmerkte. So eine Art unzufriedene Stimmung. Dann saß sie mit einem Buch auf dem Schoß, aber sie las nicht. Wenn ich fragte, woran sie denke, sagte sie: »Nur so, an nichts«, und las schnell weiter. Aber wenn ich später von meiner Arbeit aufsah, saß sie wieder genauso da. Während des Essens ließ sie dann oft die Katze aus dem Sack. Eine ihrer Freundinnen war bei ihrer Mutter gewesen, mit ihrem eigenen kleinen Auto, das sie von ihrem Mann zum Geburtstag bekommen hatte. Und sie hatte ihrer Mutter begeistert erzählt von den Reisen durch ganz Europa, die sie schon gemacht hatte. Und von den Schränken voller Kleider, aus denen sie nur auszusuchen brauchte, wenn sie nachmittags mit ihren Freundinnen in die Stadt ging. Ich konnte mir dann genau vorstellen, wie Olgas Mutter das erzählt hatte. Das gemeine durchtriebene Weibsstück. Mit ihrer katzenfreundlichen Stimme, scheinbar ohne jede Absicht. Denn sie wußte sehr gut, daß das Gift so am besten seine Wirkung tun würde. Anfangs machte ich schon mal einen Scherz darüber. Daß die Nancy nach nur einem Jahr Ehe schon recht blaß und unbefriedigt aussah, mit drittklassigen Hängetittchen und Krampfadern an den schlaffen Waden, weil ihr Mann vor Managerkrankheit impotent war. Und daß die blasse Schlitzpisserin bestimmt nicht so ein schönes Kleid hatte wie das, das sie sich aus dem Stoff gemacht hatte, den ich vor kurzem für sie gekauft hatte. Und daß sie wohl auch nicht ganz damit einverstanden wäre, wenn ich Unterdirektor einer Margarinefabrik wäre, die den Leuten mit ihren minderwertigen Produkten Hautausschlag verpasse. Dann würde man doch nur auf Kosten des Schorfes der Leute durch Europa reisen und den Kleiderschrank zum Platzen vollstopfen mit Boleros und Stolas aus gefärbtem Kaninchenfell. Ich hätte zumindest den Stoff für ihr Kleid mit meinen eigenen Händen verdient und dafür nicht den zweihundert Leuten einer Firma zu wenig ausbezahlt. Das war wahr, denn während sie zur Arbeit war, hatte ein weißhaariger, gebrechlicher und geschmacksicherer Kunstkenner eine Zeichnung von mir gekauft. (Ohne, wie es sonst allgemein üblich ist, vorher fünfzig Gulden vom Preis runtergehandelt zu haben.) Sofort war ich auf mein Fahrrad gestiegen und zum Kaufhaus Bijenkorf gefahren, wo ich den

Stoff schon lange im Schaufenster hatte liegen sehen. Mit rosa, roten, braunen und dunkelgelben Streifchen. In meinem Atelier hatte ich aus Preßspan eine Schablone von der Silhouette ihres Körpers angefertigt und mit Holz so stabilisiert, daß sie von alleine stehen konnte. Danach hatte ich den Stoff straff darum drapiert und ein Stück Papier an den Hals geklebt und darauf geschrieben MISS WESPENTAILLE, denn ich mußte oft mit aller Kraft, das Knie gegen ihren Bauch, versuchen, ihren Gürtel ein Loch enger zu kriegen. Als sie nach Hause kam, wurde sie rot vor Freude. Sie nahm den ganzen Apparat in die Arme, lief damit zum Spiegel und hielt ihn sich vor. Er bedeckte sie ganz und gar, sie versteckte sich hinter sich selbst. Es war, als hätte sie das Kleid schon an. Und sie sagte verwundert: »Wie gut du mich doch kennst.« Als sie das Kleid, mit der Zunge zwischen den Zähnen und dem Körper voller Nadelstiche, fertig und zum ersten Male anhatte und die Arme ein wenig vom Körper abwinkelnd vor mir stehenblieb, sagte ich: »Olga, du bist die Schönste im ganzen Land. Du bist so schön wie ein blankgeputzter Apfel.« (Als ich später, auf der Suche nach den verflixten Baumfröschen, ihre Silhouette aus Preßspan zwischen dem Krempel fand, nahm ich sie mit zum Spiegel und stellte sie neben mich. Dann legte ich meine Hände auf ihre Hüfte und sah nach unserem Spiegelbild. Ich fühlte und sah den Stoff wieder und ich versuchte mir vorzustellen, wie sie damals gewesen war. Aber immer sah ich sie, wie sie geworden war. Und als ich das Bild von mir abschüttelte, blieb ich allein mit dem Umriß. Eine Schablone, ein Schatten von ihr. Ein Duplikat unseres Glücks, das man lesen können mußte, sonst war es nicht mehr als nur ein braunes Stückchen Preßspan.) Aber es waren nicht nur die giftigen Anrufe ihrer Mutter, die sie auf die Dauer von mir wegtrieben. Die Saat für das Unkraut, das ihr ganzes Leben überwuchern sollte, war schon früh gesät. Und ich glaube, daß es vor allem verhängnisvoll für Olga war, wie sie ihren Vater gesehen hatte, wie sie ihn wohl hatte sehen müssen. Weil ihre Mutter nichts mehr von ihm übriggelassen hatte als einen dicken, schwammigen, vernaschten Jungen, der, wenn sie mit der Suppenschüssel über den Flur gelaufen kam, schnell mal reingucken mußte und dann mühsam und nichtsnutzig vor ihr her hüpfte, dabei hoch und heiser skandierend: »Suppesuppe-suppen-klöße-klöße-ra-ra-ra!« Denn ihm blieb nichts anderes übrig, als zwischen Untreue und Erniedrigung den Clown zu spielen. Olga hatte ihn einmal, mutlos in den Diwan gesunken, zu einem Onkel über ihre Mutter sagen hören: »Ich tu einfach jedes Mal grad so, als ob ich sie noch nie gesehen hätte. Als ob zufällig eine hübsche Frau auf Besuch gekommen wäre, die ich in meinem Leben noch nie gesehen habe. Dann brauche ich nicht zu fragen, wo sie gewesen ist. Denn das geht mich dann ja nichts an.« Und sie wußte immer noch, daß sie während der Feier ihres zehnten Geburtstages einen sogenannten Onkel fett lachend zu jemand auf dem Korridor über ihre Mutter hatte sagen hören: »Ja, mein Herr, das Frauchen hat zarte Hände. Das wissen wir doch alle.« Anfangs, als sie gerade erst bei mir war, schlief sie stets mit bis zu den Brüsten hochgezogenen Knien und dem Daumen bis zum Handteller im Mund. Schon schlafend drückte sie mich mit ihrem herrlichen Hinterteil von sich weg auf den schmalen Streifen Niemandsland, wo ich nur dann liegenbleiben konnte, wenn die Decken fest genug unter die Matratze gesteckt waren. Erst versuchte ich das dadurch zu ändern, daß ich nach dem Bumsen wohlig zwischen ihren Schenkeln liegenblieb. Ganz und gar gegen- und ineinander fielen wir dann in Schlaf. Aber mitten in der Nacht wurde ich wach von unkontrolliertem, trägem, aber zielstrebigem Ellbogengerempel. Gleich darauf arbeitete sie mich mit Armen und Beinen von sich weg, gab dabei Heultöne von sich wie ein kleines Kind, das seinen Willen nicht kriegt. Und man konnte schieben, schlagen oder schreien, es half nicht. Sie schlief wie ein Stein weiter. Erst wenn sie wieder drei Viertel des Bettes in Besitz genommen hatte und mit ihrem Loch gegen meinen Bauch lag, kam sie zur Ruhe und fing friedlich an zu schnarchen, den Daumen im Mund. Olga, mit all den seltsamen, verrückten, lästigen, lieben und wilden Zügen. Wie wenig hat sich daran geändert, daß ich sie wie ein Verrückter liebe. Ich sehe uns wieder in der Türöffnung stehen, auf den Regen wartend, an so einem schwülen, stickigen, warmen Augusttag, wo die Fliegen vor lauter Elend auf der Haut klebenbleiben. Und dann ging's los. Große Tropfen, die die Straße in ein paar Sekunden naß machten. Nur die Bäume blieben in einem grauen Kreis stehen, als wäre Staub von ihnen gefallen. Dann wurden mit einemmal drohend blaugraue Fetzen am Himmel entlanggetrieben, und etwas später, mit einem Unwettergebrüll, als würde mit Latten geschlagen, rauschte der Wolkenbruch runter. Sie streifte sich mit den Füßen die Schuhe ab und lief mit weit geöffneten Armen in die

Sündflut. Bis sie durchnäßt war und ihre Haut durch das Kleid sichtbar wurde. Da kam sie herein, kleidete sich aus und zog einen Bikini an. So legte sie sich in den Rinnstein zwischen die parkenden Autos in das dreißig Zentimeter tiefe graue Regenwasser, aus dem Luftblasen stiegen, und ließ sich geißeln von den peitschenden Strahlen. (Aber sie rief dabei nicht, wie sie's unter der Dusche ununterbrochen tat, wenn sie für feste Brüste auf kalt gedreht hatte: »O wie gemein, o wie gemein!«) Ich schenkte zwei Gläser Wein ein – ich hatte damals sicher wieder mal einen Auftrag –, stellte sie auf ein Tablett, nahm das mit nach draußen und setzte mich auf den Bordstein neben sie in den Pfuhl. Bevor der Wein verwässern konnte, tranken wir ihn aus und ließen das Tablett mit den leeren Gläsern rumtümpeln. Bis es sank, vollgeschlagen vom Regen, der immer noch wie aus Kübeln vom Himmel fiel. Und sie glaubte sogar, daß die Autos deshalb so langsam vorbeifuhren, weil die Fahrer sie nicht naß spritzen wollten. Der Schatz. Und als der Regen vorüber war und ich mir mit Mühe im Atelier die nassen tropfenden Kleider vom Leibe gezogen hatte, sagte sie plötzlich: »Jetzt mußt du mich knüppelhart und ganz regelmäßig ficken.« Während draußen die Sturzflut gluckernd durch die Gullys ablief, tobte ich wie ein Tier auf ihrem nassen Körper rum. Und so fielen wir mitten an dem Sommertag feucht vor Schweiß und Regen auf- und ineinander in Schlaf. (Sie hat mir den gleichen Antrag später noch mal gemacht. Wir waren in »Blick von der Brücke« gewesen, und am schönsten fand sie die Szene kurz vor der Pause, in der Marco den Stuhl unten an einem Bein packt und triumphierend und drohend vor Eddie hochhebt. Als wir nach Hause kamen, fragte sie, ob ich das auch könne. Ich versuchte es, blieb aber, genau wie Eddie, halbwegs hängen. Heimlich trainierte ich ein paar Wochen morgens während meiner Frühgymnastik. Dann klappte es. Beim Frühstück sagte ich: »Guck mal hier, Olga!« Dann griff ich den Stuhl beim Bein, unten am Fußboden, und stellte ihn dann über ihren Teller hinweg auf den Tisch. Sie sah mich bewundernd an, als wäre ich eine Art minderwertiges Geschöpf, ein Muskeltier oder sowas, und sie gab mir Beifall auf offener Szene. Sie schob ihren Stuhl nach hinten, stand auf, zog ihr schönes geblümtes Nachthemd bis über ihre Brüste hoch und legte sich aufs Bett. Und da sagte sie auch wieder, mit ihren dicken geilen Lippen: »Jetzt mußt du mich knüppelhart und ganz regelmäßig ficken.« Und wie gesagt, so getan.)

Wir wanderten einmal irgendwo im Wald und fanden da ein totes Kaninchen, das von einer Krähe oder Elster total auseinander gerupft worden war. Sie beugte sich darüber und stieß auf einmal einen Schrei aus und wollte nicht, daß ich mit einem Stöckchen darin rumstocherte. Als wir weitergingen, sagte sie, daß sie so erschrocken wäre, weil eine rote Strähne aus seinem Kopf gehangen hätte, genau so eine, wie sie sie einmal im Klo in ihrem Haufen gesehen hätte. Sie war fürchterlich erschrocken, denn sie hatte gedacht, sie hätte Krebs. Daß das Fleisch sich in ihr einfach loslöse. Mit einem aufgerollten Blatt Klopapier hatte sie in ihrer Scheiße gerührt und dann gesehen, daß es ein Faserchen Roastbeef war. Aber die Angst war geblieben. Das erste Mal, als sie wieder bei mir ankam, nachdem sie mich verlassen hatte, sagte sie: »Ich glaube, daß ich enorme Komplexe habe. Ich weiß nur nicht, wo die sitzen. Darum verdränge ich sie also. Um sie los zu sein.« Ein paar Tage vor dem letzten Weihnachtsfest, das wir zusammen feierten, hatte ich für Silvester einen Karton mit Feuerwerkskörpern gekauft. Feuerrädchen, Römische Kerzen, Raketen und Schwärmer. Den Kopf über den Karton gebeugt begann sie plötzlich zu flennen. Weil das Jahr wieder vorbei war, weil sie fand, daß sie alt wurde. Und sie wollte es nicht mitmachen, das Gekrache, von dem sie krank wurde. Darum fuhren wir an einem Tag zwischen Weihnachten und Silvester mit dem Fahrrad durch den Schnee in den Wald, den Karton hinten auf dem Gepäckträger. Und da, am hellichten Tag, habe ich den ganzen Dreck hochgehen lassen. Aus gehörigem Abstand sah sie frostig zu, wie die Schwärmer mit einem Schweif von Rauch und Funken zischend im Schnee verlöschten. Und ich konnte sie nicht dazu bewegen, ein Feuerrädchen, das ich an einem Baum befestigt hatte, selbst anzustecken. Silvesterabend gingen wir um elf Uhr ins Bett, und als der Höllenlärm draußen losging, lag sie ruhelos neben mir und wühlte und sprach im Schlaf. Und so begann für uns das neue Jahr. Das Jahr, in dem ich sie auf immer verlieren sollte. Olga, Miß Wespentaille.

Die anatomische Haltung

Das einzige, was ich von der ganzen Angelegenheit behalten habe, ist der Durchschlag eines Briefes meines Rechtsanwalts an Olga, den sie zu unterschreiben und damit zu erklären hatte, die Eingabe zur Kenntnis genommen zu haben, die sich erstreckt bis zur Zusageerteilung zum Einreichen einer Scheidungsklage auf Grund von ihr begangenen Ehebruchs, die eingereicht wurde beim Herrn Präsidenten des Landgerichts in Amsterdam von ihrem Ehegatten. Sie erklärt, den Inhalt erwähnter Eingabe zu kennen und keinen Widerspruch einlegen zu wollen gegen die Stattgabe des darin enthaltenen Ersuchens und außerdem darauf zu verzichten, zum Sühneverfahren vorgeladen zu werden. Begonnen hat das alles mit der Hausratsmesse in den RAI-Hallen. Sie hatten erst noch vor, mich für ihren Stand einen lebensgroßen Hermes machen zu lassen. Gratis. Darum wurde nichts daraus. Ihre Mutter war deswegen zu mir ins Atelier gekommen, mit dem neuen Geschäftsführer – schon dem dritten seit dem Tode ihres Mannes –, einem krummbeinigen Schrottpavian, der einem der drei Panzerknacker ähnelte (dem Anführer, gerade erst dem Mickymausheft entstiegen). Dauernd führte er das große Wort, mit seiner großen Schnauze, aber ich konnte überhaupt nichts verstehen. Es war, als ob er immer wieder nur waoh – waoh – waoh – rausbrachte, und es hätte mich nicht gewundert, wenn er sich dabei auf die Brust getrommelt hätte. Sie mußte immer alles wiederholen. Daß ich die Figur doch sicher machen könnte. Daß sie den Gips und die Vergoldung und die weiteren Unkosten natürlich bezahlen wollten. Und wieder begann der Knorren mit seinem Gewaoh – waoh. Dann plapperte sie wieder nach, mit ihrem duldsamen falschen Lächeln, was er gesagt hatte. Ich dürfte vor allem den Stab und die Flügelchen an den Knöcheln nicht vergessen. Und sehr wichtig war auch, daß die Figur lebensgroß werden sollte. Denn dann waren sie fein raus. Dann dominierte ihr Stand mit dem vergoldeten glänzenden Ding den ganzen Ausstellungsraum. Er begann brüllend zu lachen, dabei die Lippen straff über die Riesenhauer in das gewaltige Maul ziehend, als ich ihm erzählte, daß bei den alten Griechen Hermes nicht nur der Gott des Handels, sondern auch der Diebe war. Dabei tanzte er sitzend auf dem Stuhl mit herumwirbelnden Armen. Später merkte ich, daß er ein sehr naiver Mann war mit schwerfälliger Phantasie. Nicht ungefährlich, denn er hatte seine Finger schon in verschiedenen Geschäften gehabt, die Pleite gemacht hatten. Er hatte es geschafft, ganz oben in Nordholland einen Kuhstall in eine Art hängendes orientalisches Gartenrestaurant zu verändern, voller schreiender Papageien und mit einigen dieser exotischen mokkafarbenen Schäkerkätzchen als Bedienung, diesem vom Kolonialkrieg übriggebliebenem Soldatenspielzeug. War auch ein Reinfall geworden, denn die Bauern fraßen ja doch nur Beefsteak mit Erbsen. Und auch aus dem vergoldeten Hermes wurde nichts. (Ich glaube, meine Weigerung hatte mehr mit dem widerlichen Individuum zu tun, von dem ich vermutete, daß er ein Verhältnis mit ihr hatte – was sich später auch als wahr herausstellte –, als daß ich es so schlimm fand, die Figur umsonst zu machen. Denn für Olgas Vater hätte ich sogar sehr gern an jede

Ecke des Standes einen Hermes gemacht, und sei es nur, weil er einmal, über die deutschen Messer spottend, die immer noch als kleine Aufmerksamkeit verschenkt wurden, sagte: »Wir können den Laden genausogut in Heermesser umtaufen.«) Gut, die beiden zogen also ab wie die begossenen Pudel. Sie mit ihrem Pavian hinter sich her, seine Hände beinahe bis zu den Knien hängend, die Daumen nach außen gedreht, eine Haltung, die wir auf der Akademie Die Anatomische Haltung zu nennen gelernt hatten, die ihm aber das Aussehen gab, als wolle er jeden Moment irgend jemand knurrend packen. Am Tag der Messeeröffnung rief ihre Mutter mich katzenfreundlich an. Ob sie ihre Tochter kurz sprechen könne. Als Olga den Hörer auflegte, war sie vor Aufregung ganz rot geworden. (Später habe ich gedacht, daß das schmierige Miststück, das ihre Mutter war, vielleicht damals schon mit ihr über die Verabredung sprach, die sie für sie mit ihrem besten Geschäftsfreund arrangiert hatte.) Sie war von ihrer Mutter eingeladen worden, mit einigen Leuten vom Geschäft anläßlich der Eröffnung am Stand ein Gläschen zu trinken. Sie zog sofort das hübsche Kleid mit den Streifen an, und ich blieb mit den Händen voller Kleie bei meiner Statue zurück, so daß ich sie nicht einmal umarmen konnte, als sie wegging. Gegen sechs Uhr rief sie an. Ihre Stimme klang so erregt, wie sie beim letzten Telefongespräch ausgesehen hatte. Erst dachte ich, das käme vom Alkohol. Sie gingen irgendwo etwas essen. Ob ich Lust hätte, mitzugehen. Wer »sie« wären, würde ich ja gleich sehen. Und so landete ich in einem indonesischen Restaurant an einem langen Tisch voller Menschen, die ich nicht kannte, zwischen denen Olga sich aber bereits ganz und gar zu Hause zu fühlen schien. Jedenfalls machte sie den Eindruck, denn sie beteiligte sich nicht ohne Genuß an dem oberflächlichen, unsinnigen Gequatsche. Ab und zu sah ich zur Seite, ob es tatsächlich sie war, die da neben mir saß. Ein Gefühl der Entfremdung überfiel mich. Und zwischendurch dienerten sich freundliche indonesische Kellner mit Batiktüchern auf dem Kopf zwischen uns durch zum Tisch und stellten geräuschlos Schalen und Schüsselchen zu den Tellern. Der Pavian hob sein Glas und murmelte ein paar Sätze waoh – waoh –. Es wurde vorzeitig geklatscht, worauf er verärgert in einem Zug sein Glas leerte und es absetzte. Sofort brach ein höllisches Konzert von Messern und Gabeln los. Es wurde kein Wort mehr gesprochen. Jedermann war mit Schlemmen und Stopfen beschäftigt. Als ich über den Tisch blickte, sah ich dem Pavian genau in den Mund, der dabei war, ein Saté so unappetitlich in seinen großen Rachen zu fuhrwerken, daß er einem Reptil ähnelte, das eine zu große Beute halb aus dem Maul hängen lassen muß, um Atem zu schöpfen. Und auf seinem Teller hatte er die Reistafel so durcheinandergewühlt, daß es aussah wie ein undefinierbarer Haufen Affenkotze. Ich sah am Tisch entlang, und dann schlug es wie der Blitz bei mir ein, daß der lange schlappe Lümmel, der neben ihrer Mutter saß, weil er ihr bester Geschäftsfreund war, einfach über all die halbleer gefressenen Teller und Schüsseln und Gläser hinweg mit seinem Kaugummigrinsen mit meiner Olga flirtete. Und sie flirtete zurück. Verdammt noch mal! Ich fühlte es. Ich sah es ihm an. Ich hatte ein Gefühl, als ob sie sich unter dem Tisch mit den Beinen umklammerten. Meine Hände begannen zu zittern, und ich konne keinen Happen mehr durch die Kehle kriegen. In mir fühlte ich die Neigung aufkommen, mit einem Ruck am Tischtuch einen Trümmerhaufen aus dem Festmahl zu machen. Olga schien zu fühlen, was in mir vorging. Ohne ein Wort zu sagen oder mir einen Blick zuzuwerfen, stand sie auf und ging zur Toilette. Etwas später folgte er ihr. Ich wußte, daß er in dem kleinen dunklen Gang neben der Garderobe auf sie warten würde. Daß er sie sich da kurz greifen würde. Ich sah seine schmutzigen schwitzigen Hände im Stoff ihres Kleides wühlen. Ich wußte nicht, was ich tun sollte. Nur weil er zum Klo ging, konnte ich ihn ja nicht einfach anspringen. Die frostige Stimmung, die ich meinetwegen am Tisch spürte, schlug um in Flüstern und Lachen. Plötzlich fühlte ich die Mitschuld aller Anwesenden. Ich hatte Lust, furchtbar laut den Radetzkymarsch zu singen, wie es Olgas Vater immer getan hatte: Titten Arsch, Titten Arsch Titten Arsch, Arsch, Arsch. Oder das Foto, das das Scheißweib von ihm hatte machen lassen, als er aufgebahrt lag, herumzureichen und zu sagen: »Eine schöne Aufnahme. Er sieht so ruhig aus. Nur schade, daß er sich bewegt hat.« Aber ich blieb versteinert sitzen, meine zu Fäusten geballten Hände neben dem Teller. So sah ich sie durch die Tischreihen schlängelnd zurückkommen, und als er sie bei einer Palme vorgehen ließ, berührte er sie kurz von hinten, als ob sie ihm schon gehöre, wobei das weichliche Grinsen in seiner Fresse hängenblieb. Er ging mit ihr, zog ihren Stuhl zurück, machte eine elegante Handgebärde und schob den Stuhl wieder vor, als sie sich setzte. Ich wußte, daß er lüstern zuschauen würde, wie ihr Hintern auf den Sitz niederfederte. Und am Tisch wurde geblinzelt und verstohlen gelacht, und der kleine, kahle Buchhalter, der in seinem Cut sowieso wie eine aufgetakelte Kakerlake aussah und der schon immer zu ihrer Mutter gesagt hatte, daß so ein Mädchen aus dem Geschäftsmilieu in der armseligen Künstlerwelt nicht am richtigen Platz wäre, hüstelte sogar nachdrücklich, um zu verstehen zu geben, daß er mit seinem kleinen Rechengehirn alles längst begriffen hatte. Es war, als wiche alles Blut aus meinem Körper. Mein Kopf war eiskalt, und meine Fäuste preßte ich auf den verkrampften Magen. Und dann sah ich in den Augen des Pavians mir gegenüber, was geschehen würde, noch bevor ich es selbst merkte. Seine buschigen Augenbrauen schossen erschrocken hoch und schoben das schlappe runzelige Fell von der Stirn zu den fettigen Haaren. Da schoß es aus mir heraus. Ich sah die Spritzer auf den Tellern und an den Gläsern. Und an den Kleidern der Leute mir gegenüber. Der Gorilla hatte sogar ein paar markstückgroße Brocken in der Fratze. Ein paar Frauen stießen Schreie aus, und alle legten sie ihr Besteck hin und hörten auf zu kauen, denn das Essen saß ihnen wie Gekotztes hinter den Zähnen. In Batiktücher gehüllte Ober kamen angelaufen, aber die wußten auch nicht so recht, wie sie diese gesengte Sau balbieren sollten. Dann kam eine Flut tomatensuppenartigen Breies aus meinem Mund, der in der Form eines riesigen Pfannkuchens wie ein Wappen auf das Tischtuch klatschte, mittendrin deutlich erkennbar eine kotartige Zusammenklumpung von Fleischstückchen, Sojabohnenkeimen und grauen und von Magensäften halbverdauten Resten gebratener Bücklinge vom Mittag. Eine ekelhafte saure Luft verbreitete sich im Restaurant. Überall an den Tischchen hatte man aufgehört zu essen und sah mit Abscheu auf die Matsche. Mir standen Tränen in den Augen von dem saumäßigen Geschmack oben in meiner Nase. Es wurde an meinem Stuhl gerückt, und der Geschäftsführer fragte mit halb abgewendetem Gesicht, ob es nicht Zeit würde, zur Toilette zu verschwinden. Ohne mein Gesicht mit der Serviette abzuwischen, stand ich auf und lief zwischen den Tischen hindurch zum Klo. Ich wußte, daß überall die Köpfe nach mir umgedreht wurden. Ich hörte sie flüstern. Aber ich sah nichts. Als ich aus dem Blickfeld war, in dem kleinen Gang zur Toilette, fing ich plötzlich an zu taumeln. Ich mußte mich an der Wand stützen, um nicht in die Knie zu sacken. In der Toilette ging ich zu einem der Waschbecken, und mich mit gestreckten Armen abstützend sah ich in den Spiegel. Ich erschrak vor mir selbst. Mein Gesicht war durchsichtig weiß, und meine Augenhöhlen sahen aus wie die von Buster Keaton. Vom Mundwinkel lief eine schmutziggraue Spur zum Kinn. Ich sah mich selbst an. Ich dachte, daß ich vor Gram und Bitternis sterben würde. Dann fühlte ich wieder eine neue Flut hochkommen. Ich beugte meinen Körper nicht über das Waschbecken, sondern kotzte den Strahl einfach gegen den Spiegel. Ich wartete nicht ab, bis mein Gesicht durch die absackende Kotze sichtbar wurde. Ich nahm einen Schluck Wasser und spülte die sauren Brocken aus dem Mund. Dann ging ich in die Ecke, zog mir ein Papierhandtuch und wischte mein Gesicht und meine Kleidung ab. Plötzlich kam der Pavian herein. Er sah mich nicht. Er lief sofort zu dem Waschbecken, an dem ich gerade gestanden hatte. Und dann konnte ich erstmals verstehen, was er sagte. Er sagte sehr laut: »Godverdomme!« und ging zum nächsten Waschbecken. Gleich darauf kam der kleine kahle Buchhalter mit seinem bespritzten Cut reingetrippelt. Hinter meinem Rücken hörte ich ihn zum Pavian sagen: »Hier sitzt auch noch was. Ekelhaft!« Ich ging raus und stieß im Gang beinahe mit Olga zusammen, die vor ihrer Mutter herging. Sie sah mich nicht an und wollte einfach an mir vorbei zur Damentoilette. Auf einmal flog meine Faust nach vorn. Genau auf ihr Auge. Sie wich gegen die Wand zurück und blieb da mit gesenktem Kopf stehen, als wenn sie durch Wut nicht vertuschen wollte, daß sie an allem schuld war. Ihre Mutter wedelte mit ihrem Täschchen um sich und wollte mich zurückhalten. Mit einem Arm schob ich sie zur Seite, und auf einmal versank meine Hand in dem Nichts unter dem steifen Stoff, wo ihr die Brust abgenommen worden war. Und dann drehte ich durch. Ich schoß durch das Restaurant zum Ausgang. Ich hörte, wie ihre Stimme die aller anderen überkreischte: »Der Lump!« Und wie im Blitz sah ich die anderen Gäste alle hinter ihren Stühlen stehen, während die Batikköpfe fügsam den Tisch abräumten. Ich rannte durch die Vorhalle nach draußen, blieb aber plötzlich stehen und stieg dann beherrscht in ein Taxi, das gerade ein indonesisches Ehepaar beim Restaurant angeliefert hatte. Zu Hause schmiß ich mich betäubt vor Elend auf mein Bett, und ich wußte wirklich nicht, ob ich nun geschlafen hatte oder halb bewußtlos gewesen war, als sie mich mitten in der Nacht anrief. Sie sagte, daß ich doch sicher begriffe, daß sie nicht mehr nach Hause kommen würde. Daß sie furchtbar aussähe mit dem blauen Auge und daß das nun schon das zweite Mal innerhalb weniger Monate wäre. (Das war tatsächlich so. Als wir einmal von einer Fete über den Oude Zijds Achterburgwall zurückgekommen waren, wollte sie sich mit ihrem besoffenen Körper an einen Zuhälter hängen, der auch sofort in ihr eine Goldmine sah. Mit Mühe konnte ich sie von ihm wegreißen. Und weil er zu feige zum Kämpfen war, bekam sie den Schlag aufs Auge. Aber nicht so hart wie den zweiten.) Eine eisige Kälte überkroch mich. Ich sagte ihr, daß sie beruhigt in dem Hotel, von dem aus sie anrief, schlafen könne mit dem Saukerl. Daß sie das blaue Auge nicht als Freibrief vorzuzeigen brauche. Und daß ich ihr viel Glück wünsche mit dem verheirateten Kerl, denn ich hätte die Kerbe in seinem Finger gesehen, wo bei dem Schleimscheißer der Ehering gesessen hatte. Morgen früh solle sie mal in den Taschen seines Sakkos wühlen, dann fände sie den Ring bestimmt. Ich hatte genau ins Schwarze getroffen. Sie schmiß den Hörer sofort auf die Gabel. Und dann entlud sich meine Wut und mein tiefes Elend in Selbstaggression. Der Reihe nach griff ich die Porträts und Studien, die ich von ihr gemacht hatte, und zerdonnerte sie auf dem

Fußboden. Die Gipsbrocken flogen gegen die Fensterscheiben und bis an die Decke. Die Zeichnungen von ihr riß ich von der Wand und zerfetzte sie und zertrampelte sie dann auch noch. Und wenn ich ein Stück Gips sah, an dem noch etwas von ihr zu erkennen war, packte ich das noch mal und zerschlug es vor meinen Füßen auf dem Boden zu Grieß. Als alles vernichtet war, übersah ich todmüde und keuchend den Trümmerhaufen. Ich fühlte mich auf einmal enorm ruhig. Es war, als hätte ich alles hinter mir gelassen. Als wäre ich vollkommen leer. Dann sah ich auch die Katze, die in einer Ecke unter einen Stuhl gekrochen war und mich mit großen Angstaugen ansah. Ich holte sie unter dem Stuhl hervor, legte mich aufs Bett und sie auf meine Brust. So fiel ich in Schlaf.

Die Hexenzentrale

In den ersten Wochen danach, die ich im Bett verbrachte, ließ ich meiner Phantasie und Rachsucht freien Lauf: Mit Eisenstangen auf die Schädel geschlagen, daß der Inhalt wie Rotze herausspritzte; eine schwere Luftdruckpistole an die Schläfe gedrückt; im betriebsunfähig gemachten Auto auf den Grund des Amsterdam-Rhein-Kanals versenkt, während sie verzweifelt mit den Fäusten gegen die Scheiben trommelten und die Schiffe mit ihrem Kielwasser die Spuren des Verbrechens auslöschten. Ich habe mich mit ihren toten Körpern den Strand entlang abgeschleppt, um sie an eine Stelle zu bringen, wo niemand sie finden würde. Ich habe sie an einem unbeschrankten Bahnübergang von einem Zug zu Brei zermalmen lassen. Ich habe sie gelyncht, gerädert, in Kellern gefoltert. Einfach in die Erde gestampft, bis nichts mehr blieb als nur die tiefen Abdrücke meiner Schuhsohlen. Doch all die dämonischen Tagträume machten mir nur allzu deutlich, daß ich sie unwiderruflich verloren hatte. Daß ich verloren hatte. Daß ich, wenn Rachegefühle, Haß und Wut verebbten zu einem jämmerlichen, mich krank machenden Verlangen nach ihr, mir nur noch bei ihren Fotos einen runterholen konnte. Bis das Kartenhaus mit dem letzten keuchenden Schrei einstürzte und mich allein ließ mit mir selbst und meiner schmutzigen Bettwäsche. Als ich es nicht länger aushielt und der Stinkhöhle entfloh, nachdem ich erst noch die Katzenköttel und Gipsscherben, die stinkende Vase mit den am Glas entlang auf den Tisch gemoderten Blumen, die beinahe einen halben Meter hoch getriebenen und über die Anrichte wuchernden Zwiebeln und die verdorrten Pflanzen in den Mülleimer gestopft hatte, fuhr ich nach Rotterdam. Ich hatte seine Adresse erfahren, und ich glaube, daß ich nicht hinfuhr, um Streit zu suchen oder ein Gespräch. Ich wollte einfach das Haus sehen, in dem er wohnte. Reingucken. Versuchen zu entdecken, was es war. Was sie zu dem Mann trieb. Vielleicht auch, um ein Fünkchen ihres Glücks und ihrer Verliebtheit aufzufangen. In einer Gaststätte in der Nachbarschaft wartete ich, bis es schummerig geworden war. Dann ging ich in die Straße und suchte die Hausnummer und sah nach, ob sein Name an der Tür stand. Mit abgewandtem Gesicht ging ich dann am erleuchteten Fenster vorbei, überquerte die Straße, ging einige Schritte zurück und sah über die Straße nach drinnen. Ich dachte erst, ich hätte mich im Haus geirrt, als ich eine Frau mit einem Kind am Tisch sitzen sah. Ich ging über die Straße und blieb dicht vor dem Fenster stehen. Es war eine Frau über dreißig. Sie sah abgerackert aus. Ich erschrak plötzlich. Der kleine Junge, der neben ihr saß, war behindert. Es war eine Art Mongölchen, mit seltsamen Gebärden, wie man sie sonst höchstens in einem Sanatorium zu sehen bekommt. Mir wurde hundsmiserabel elend zumute. Ich war nicht in der Lage, an der Haltestelle zu stehen und auf die Straßenbahn zu warten. Ich hielt ein Taxi an, ließ mich zum Bahnhof fahren und setzte mich so schnell wie möglich in den Zug, denn ich hatte das Gefühl, mir säße die ganze Jämmerlichkeit auf den Fersen. Einige Zeit danach, zwischen meinen erotischen Exzessen (was weiß ich, was ich in meinem Schmerz tu) – Bella hü, die erst mit Geschmatze das Fötzchen geleckt haben wollte, bevor sie sich gab; Irene hott, die einem erst in die Klöten beißen wollte, bevor man sie anstechen durfte –, rief ich mit klopfendem Herzen Olga an. Ich bekam ihre Mutter an den Apparat, die mir sagte, sie begreife nicht, wo ich die Unverschämtheit hernähme, nach all dem, was ich ihrer Tochter angetan hätte, auch noch anzurufen. Ich sagte, daß ihre Tochter noch immer meine Frau wäre, und wenn's denn vorbei sein sollte, hätten wir vor einer eventuellen Ehescheidung doch wohl noch das eine oder andere zu regeln. Da gab sie mir Olga. Ihre Stimme klang matt. Ich fragte vorsichtig, wie es ihr ginge. Sie sagte, daß sie noch immer mit dem einen Auge kaum sehen könnte. Ich erwiderte, daß sie das verdient hätte. Dann blieb es eine ganze Weile ruhig, und ich befürchtete, sie würde den Hörer auf die Gabel schmeißen. Aber sie fragte, warum ich eigentlich anriefe. Es wäre doch aus zwischen uns. Ich sagte, daß das ja gerade das Wahnsinnige sei, nach so vielen Jahren. Das wäre ganz einfach nicht möglich. Auf alle Fälle wolle ich noch mal mit ihr sprechen. Das könne sie mir nicht verweigern, darauf hätte ich ein Recht. Nach unheimlich vielem Hin und Her Gequatsche und Vorwürfen von beiden Seiten willigte sie ein. Und so kam es, daß ich an jenem verkorksten Regentag im Mai im Zug saß und durch den nassen grünen Mist nach Alkmaar fuhr. Ich überlegte, daß es das Beste wäre, sie mit zurückzunehmen oder zu erwürgen. Und als ich in ihre Straße kam, sah ich tatsächlich wie ein Würger aus. Durchnäßt vom Regen und die Haare in Strähnen über die Stirn bis in die Augenbrauen. Bevor ich um die Ecke bog, hatte ich mir trotz des strömenden Regens in einem Hauseingang eine Zigarette angesteckt, so daß ich wieder meinen fabelhaften Halunkenkopf bekam. Denn Mitleid ist der schlimmste Feind der Liebe. Sie standen am Fenster. Olga und ihre Mutter. Sie wird ihre Tochter wohl ausführlich instruiert haben, die Hexe. Ich sah es ihnen an. Und plötzlich merkte ich auch, daß sie auf dieselbe Art nach mir sahen. Als wenn ich eine Beute wäre. Von dem blauen Auge war nichts mehr zu sehen. Während ich so nach oben blickte und die Mundwinkel um die nasse, ausgeregnete Zigarette zu einem Grinsen zu verziehen versuchte, dachte ich: »Die Hexenzentrale.« (Das stammte von Olgas Vater. Als er ihr das erste Mal Amsterdam zeigte und sie an den Wolkenkratzern vorbeikamen, über denen gerade dicker dunkler Rauch hing, der aus dem Schornstein der Zentralheizung kam, hatte er gesagt, daß das die Hexenzentrale wäre. So wie er auch gesagt hatte, daß der widerliche Mann aus dem Zigarrengeschäft von seiner Frau in einem Pappkarton unter dem Ladentisch gefangengehalten würde.) Als ich ihr im Zimmer gegenübersaß – ihre Mutter ließ sich nicht blicken, aber ich fühlte, daß sie irgendwo versteckt stand und mit ihren Schlangenohren angestrengt lauschte, um beim geringsten Stunk hereingestürmt zu kommen –, wußten wir eigentlich nicht recht, was wir sagen sollten. Sie hatte Kleider an, die man so von der Stange kaufen konnte, die nicht gut zu ihr paßten. Denen man immer noch den Kleiderbügel ansah. Ich fragte mich, wo wohl das gestreifte Kleid geblieben war. Vielleicht hatte sie es aus Scham in den Mülleimer gesteckt. Weil sie sich darin nicht mehr wie ein blankgeputzter Apfel fühlte. Es paßte ihr wahrscheinlich doch nicht mehr. Sie war schlanker geworden, und das sagte ich ihr auch. Beinahe so linkisch wie ein erstes kleines Kompliment. Sie sagte, daß auf einem rollenden Stein kein Moos wachse, und dabei blieb es dann wieder. Ich stand auf, ging zum Fenster und sah auf die blühenden Anthurien auf dem Fensterbrett, die ihr Vater immer »Pillermann auf Untertassen« genannt hatte. Und ich sah zu dem Hauseingang auf der anderen Straßenseite, wo ich vor Jahren gestanden hatte, um wenigstens ihren Schatten sehen zu können. Und ich dachte daran, daß ich nun, nach all den Jahren, noch genauso verrückt nach ihr war, und daß ich das immer bleiben würde. Daß das nie vorübergehen würde. Ich ballte meine Hände zu Fäusten, weil nun alles verdorben und vermurkst war. Und so, den Rükken ihr zugedreht, kamen mit zitternder Stimme die Vorwürfe. Manchmal schrie sie dazwischen. Mit einer Stimme, so laut und bissig, wie ich's von ihr noch nie gehört hatte. Es wurde ein Riesenkrach, von dem ich dann plötzlich genug hatte, weil damit die letzte Chance vertan wurde, zwischen uns doch noch alles zu bereinigen. Ich drehte mich um und ging auf sie zu. Ängstlich wich sie zurück, und ich sah ihr an, daß sie »Mutter« rufen wollte, oder »Mammie«. Mit wenigen langen Schritten war ich bei ihr und hielt sie an den Oberarmen fest. Ich fühlte mich so beschissen und mir sprangen die Tränen in die Augen, weil eine ihrer Augenhöhlen noch gelb war und sie so verängstigt aussah. Wie ein verängstigtes Tier, das begreift, daß es nicht mehr fliehen kann. Ich lockerte meinen Griff und näherte mich ihrem Gesicht. Sie wich so weit zurück, daß ihr Kopf gegen die Schranktür schlug. Als ich sie küssen wollte, begann sie plötzlich hysterisch zu flüstern: »Diesen Mund hat jemand anders geküßt, hörst du. Dieser Mund ist von jemand anders geküßt worden.« Als ich ihren Mund in meinen nahm, blieb er weich und schlapp, und auch ihr Körper war schlaff. Als würde sie einfach zu Boden fallen, wenn ich sie losließe. Aber ihre Zähne hielt sie fest aufeinandergepreßt. Ich konnte nicht an ihre Zunge kommen. Plötzlich hüstelte ihre Mutter ein paarmal hinter der Tür. »Soll ich vielleicht Tee bringen?« fragte sie mit ihrer falschen Stimme. Sie sollte Tee bringen. Und so saßen wir wieder stundenlang da und redeten. Über alles, worüber man nicht spricht. Denn wenn man doch darüber spricht, ist es unwiderruflich vermasselt. Dann ist es zu spät. Dann hat das Reden auch keinen Zweck mehr. Und nach Stunden, als meine Schnauze fusselig war von all dem Gequatsche und ich meine Zunge trocken und unwirklich im Mund liegen fühlte, rollte ihre Mutter, ohne sich sehen zu lassen, ein Servierwägelchen mit belegten Broten herein. Dann saß ich da und kaute ein wenig widerwillig, denn ich ekelte mich vor den Broten, die das Aas fertiggemacht hatte. Danach unterhielten wir uns dann weiter. Aber eigentlich war ich es, der dauernd das Wort führte. Und als ich ihre Mutter drauf hatte, daß die die Schuld an allem träfe, daß die ihr den Kopf verdreht hätte, weil sie in einer Ehe zwischen ihr und jenem Mann einen Vorteil fürs Geschäft witterte, flüsterte ich und deutete beschwörend auf die Tür, als ob sich dahinter all das Böse befände, das uns bedrohte. Manchmal widersprach sie mir, bleich und störrisch. Aber meistens hörte sie zu und schüttelte nur den Kopf, wenn sie mit irgendwas nicht einverstanden war. Und ich teilte ein paar gehörige Tiefschläge aus, indem ich über ihren Vater sprach. Daß der mich so gern gemocht hatte und daß er sich um die ganze Geldangelegenheit den Teufel geschert hatte, weil er sah, daß sie glücklich war. Daß er sich im Grabe umdrehen würde. Das schoß mir raus, bevor ich daran dachte, daß seine Asche in einer Urne lag. Aber ich mußte es tun. Ich mußte sie mürbe kriegen. Ich mußte durch die harte Schale dringen, die ihre Mutter ihr mit ihren Intrigen verpaßt hatte. Dann sah ich zum Fenster und schwieg eine Weile; und dann sagte ich, daß ich jetzt noch ihren Vater dort stehen sehen könne, wie er zum Himmel schaut und dabei sagt: »Ich wollte, die Sonne bräche durch. Wenn die zwei Hälften nur beieinander blieben.« Oder als er einmal während eines Platzregens am Nordholland-Kanal entlang aus Den Helder zurückkam: »Es hat so geregnet, daß die Fische nicht mal merkten, wie sie gefangen wurden.« Da liefen ihr plötzlich die Tränen über die Wangen. Ihre Mutter schien die Gefahr gerochen zu haben, die ihre Tochter bedrohte, denn bei einer erneuten Attacke, als Olga mit rotverheulten Augen beinahe weich wurde und ihr auf den Lippen lag, mir zu sagen, daß sie mit zurückgehen würde, klopfte das Miststück an die Tür und rief, daß ich nach Hause müsse. Daß es lange genug gedauert hätte und sie nun schlafen gehen müßten. Als ich auf die Uhr blickte, stellte ich fest, daß es zu spät war, noch einen Zug nach Hause zu bekommen. Das Weib hatte mich einfach auf die Straße werfen wollen, aber nach langer Flüsterei mit Olga im Korridor, von der ich nicht mal mit dem Ohr an der Wand etwas verstehen konnte, durfte ich über Nacht bleiben. Oben im Gästezimmer. Olgas früherem Zimmer. Das war noch immer unverändert. Sie schien ständig damit gerechnet zu haben, daß ihre Tochter doch einmal wieder zurückkommen würde. Unter »Mutters Fittiche«. (Das Buch stand da immer noch im Regal.) Ich legte meine Kleider auf den kleinen Stuhl mit den verrückten Beinen, den sie früher den erschrockenen Jagdstuhl genannt und auf dem sie mit vor Spannung gerötetem Gesicht in »Trotzköpfchen« gelesen hatte, das sich im Pensionat die Zöpfe abgeschnitten hatte. Ich versuchte die Stelle in der Gardine zu finden, wo sie reingeschnitten hatte, als sie einmal mit einer Freundin ein dickes Nachbarmädchen aufs Bett geworfen und ihm das Höschen ausgezogen hatte. Plötzlich war ihre Mutter mit einer Schale voll Katzenzungen hereingekommen. Aus Verlegenheit oder Scham wegen des halbnackten Kindes hatte sie damals die Schere genommen und in die Gardine geschnitten. Ganz offensichtlich, so daß ihre Mutter es sah. Sie hat erbärmliche Prügel dafür bekommen. Ich konnte die Stelle nicht finden. Die Gardine war sicher erneuert worden, oder es war in ihrer vorigen Wohnung gewesen, am Kanal; von dort hatte sie erzählt, daß das Wasser sich an der Decke widergespiegelt habe und daß das so beruhigend gewesen sei. Lang ausgestreckt im Bett liegend hatte sie dem stundenlang zuschauen können. Mitten in der Nacht ging ich zu Olgas Schlafzimmertür, aber die war verschlossen, wie ich erwartet hatte. Ich klopfte erst leise an, und als ich lauter klopfte, hörte ich, daß ihre Mutter in ihrem Schlafzimmer Licht machte. Schnell ging ich zum Klo, wo noch immer der Zettel an der Tür klebte, auf den ihr Vater mit großen ungelenken Blockbuchstaben geschrieben hatte: DO YOU WANT A COLD SURPRISE? PULL THE CHAIN BEFORE

YOU RISE! Sie hatte den Zettel sicher nicht abkriegen können, sonst wäre er wohl, zusammen mit seinem Popelstuhl, verschwunden. Weil ich sicher wußte, daß nie jemand den schelmischen Rat befolgt hatte, blieb ich sitzen, als ich durchzog, so daß ich mit kaltem und nassem Hinterteil wieder ins Bett kam. Ich konnte ja sowieso nicht schlafen. Ihre ganze Jugend überfiel mich in dem Zimmerchen mit all ihrem Krimskrams von früher, ihren Büchern auf dem Bücherbrett und über mir auf dem Rahmen des Klappbettes. Ihre Kuscheltiere und kleinen Krüge und Töpfchen und der andere Krempel. Aber nicht eine Puppe. Armes rotes Tier. Ich sah sie vor mir, als Mädchen, wie ich sie von Fotos kannte. Mit den abgebrochenen Schneidezähnen, die sie nicht verbergen konnte, weil sie dem Fotografen zulachen mußte. Ich hörte die Jungens aus ihrer Klasse rufen: »Schlummerlämpchen« und Peterchen Golhof erhitzt sagen, während er seinen Finger zwischen ihre zusammengepreßten Schenkel zu zwängen versuchte: »Hänschens elfter Finger in Mariechens zweites Mündchen.« Ich sah sie auf diesem Bett mit ihren Freundinnen übereinander rutschen und Gebrochene Lanze spielen; sah, wie einem der Mädchen immer wieder eine neue aus Töpferton gemacht werden mußte. Hier hatte sie mit ihnen gesungen: *Zwei vier sechs und acht/ der Lehrer zeigt uns wie man's macht/ auf der weichen Turnermatte/ mit der dicken langen Latte/ tut er alle Mädchen ficken/ auch die dünnen und die dicken/ und mich nimmt er noch mal ran/ weil ich so gut lernen kann.* Ich hörte, wie Nancy, die in den Osterferien bei einer Tante im Amsterdamer Wälleviertel zu Besuch gewesen war, flüsternd zu ihr sagte: »Die kommen da mit ganz rotem Kopf raus. Und auf der Vortreppe, da taumeln sie dann so'n bißchen. Aber ich komm' schon noch dahinter, was das eigentlich ist.« Und ihren Vater, der, keuchend vom Treppensteigen und von der Wanderung im Park, ausgelassen wie ein Kind in ihr Zimmer polterte, hörte ich außer Atem sagen: »Der schwarze Schwan hat mir aus der Hand gefressen.« Das war ihr für immer im Gedächtnis geblieben, weil sie an jenem Tag zum ersten Mal ihre Periode bekommen hatte und voller Angst in ihrem Zimmer geblieben war, weil ihre Mutter nicht zu Hause war und sie nicht wußte, was sie dagegen tun mußte. Zeitweise fiel ich in eine Art Halbschlaf, aus dem ich wild vor Geilheit erwachte. Ich glaubte, ich könne wie ein Hund ihre Pflaume aus meterweitem Abstand riechen. Aber ich traute mich nicht mehr, an ihrer

Tür herumzuschnüffeln. Denn ich wußte, daß der Zerberus, ihre verdammte Mutter, mit gespitzten Ohren dalag und lauschte. Und manchmal bildete ich mir in meinem verschlafenen Schädel Angstvisionen ein. Ich hörte, wie der Lokus durchgespült wurde, schlich nach unten und griff zu, als meine Fingerspitzen den weichen Stoff ihres Nachthemdes fühlten. Und erst, als ich das nach einem Handgemenge in Fetzen gerissen hatte und in ihr war, fühlte ich, daß es das widerliche Scheißweib war. Und das war auch das erste, was ich wahrnahm, als ich am nächsten Morgen, noch krank von der schlaflosen Nacht, nach draußen sah. Wie eine Meduse lief sie auf dem Rasenstreifen rum, den Kopf voller Lockenwickler, hinter ihr her die Töle, die sie, weil sie läufig war, mit einem abgebrochenen Besenstiel bewachte. Schnell rannte ich nach unten und versuchte mein Glück an der Tür zu Olgas Schlafzimmer. Die war nicht abgeschlossen. Sie schlief wieder genau wie früher, den Daumen im Mund und den Arsch nach hinten über die ganze Breite des Bettes gestreckt. Blitzschnell zog ich meine Unterwäsche aus und kroch zu ihr. Vorsichtig schob und manövrierte ich ihren Körper in eine gute Stellung. Ihr Nachthemd war schon durchs Rumwühlen hochgeschoben worden, saß um ihren

Oberkörper gewickelt wie die Drapiere einer Göttin im Parthenon. Dann ging ich über sie, schob behutsam mit den Knien ihre Schenkel auseinander und spießte sie auf. Anfangs blieb sie schlapp und willenlos liegen, nur ihre klebrigen Lippen, aus denen der Daumen herausgeglitten war, wölbten sich lüstern nach außen. Aber plötzlich erstarrte sie, noch bevor sie die Augen öffnete. Ich schlang sofort meine Arme um sie und preßte meinen Mund auf ihre Lippen. Nicht nur um sie zu küssen, sondern auch um sie am Schreien zu hindern. Und während wir kämpften – wie ein Biest mit zwei Rücken, das nicht weiß, welche Richtung es einschlagen soll –, stocherte ich wild und kräftig in ihr herum. Als sie ihren Mund von meinem riß, dachte ich, sie würde zu schreien beginnen. Aber sie sagte, sie würde, falls ich nicht sofort von ihr runterginge und verschwände, ihre Mutter rufen. Das hörte sich so verrückt an und ich mußte so lachen, daß ich doch tatsächlich beinahe aus ihr geflutscht wäre. Als ich sagte, daß ihr das wenig helfen würde, weil die draußen mit dem Hund rumliefe, entspannte sie sich und ließ mich weitermachen. Aber genauso hysterisch wie am Vorabend begann sie mir flüsternd zuzurufen, daß jemand anders sie gehabt habe. Und ich, der auch schon beinahe zu flennen anfing, schrie ihr ins Gesicht, daß mir das überhaupt nichts ausmache. Daß ich so verrückt und wahnsinnig in sie verliebt sei, daß ich glatt imstande wäre, die Kalten Bauern ihrer Liebhaber aus ihrer Fotze zu schlürfen. Ihr ging bei meinen Worten beinahe einer ab, so verdammt herrlich ging sie mit. Und ich hielt meinen Schuß zurück, denn ich wollte ihr ein Nümmerchen machen, das sie so bald nicht vergessen sollte. Aber sie fing wieder davon an, daß ich aufpassen müsse. Gerade jetzt. Sie könne ja nicht mal wissen, von wem sie schwanger geworden wäre. Aber ich rammelte ungerührt weiter, und endlich entkrampfte sie sich und ließ sich ganz und gar treiben. Als wir beinahe unseren Höhepunkt hatten, wurde plötzlich irrsinnig laut gegen die Tür gehämmert. Olgas ganzer Körper wurde starr. Alles verkrampfte sich und mein Pimmel blieb in ihr stecken. Dann stürmte ihre Mutter schreiend herein. Auf total bescheuerte Art und Weise – wie bei einer orientalischen Totenklage, die sie maßlos übertrieb – schlug sie auf die Bettdecke und rief, ich sei ein Schuft und ein Notzüchter und sie würde die Polizei rufen, falls ich nicht sofort verschwände. Dann riß sie uns die Bettdecke weg. Im gleichen Moment fühlte ich, wie mein hartes festgeklemmtes

Stück im Rhythmus meines pulsierenden Blutes in Olgas erstarrten Körper spritzte. Und trotz aller Angst und Verkrampfung hörte ich sie dicht an meinem Ohr stöhnen: »Aaahh.« Ihre Mutter schien an meinem zukneifendem Arsch zu sehen, daß mir in ihrer Tochter einer abging, denn mit den Händen um meine Fußgelenke begann sie an mir zu zerren und zu ziehen. Und sofort fing Olga unter mir auch wieder an, mit mir zu ringen und gegen meine Brust zu boxen. Ich strampelte mich frei, grabschte die Unterwäsche unter dem Bett hervor und ging mit samentropfendem Pimmel aus dem Zimmer. Bevor ich die Tür hinter mir zuschlug, sah ich noch, wie Olga mit angezogenen Knien und die Arme schützend über dem Kopf im Bett saß, als hätte sie Angst vor einer Tracht Prügel. Sogar im Badezimmer, über dem Geräusch des aus dem großen Kran laufenden Wassers, hörte ich noch das schrille Geschreie des Fischweibes. Aber ich fühlte mich siegreich und ausgezeichnet. Weil sie unter den Augen ihrer Mutter vor Genuß geschrien hatte. Und als ich in herrlichen Wolken von Schaum gebadet hatte und wie neugeboren und angezogen wieder zum Vorschein kam, stand ihre Mutter in der Diele, weiß vor Wut, und wartete auf mich. Ich sagte, daß ich Olga auf Wiedersehen sagen wolle, und ging zur Schlafzimmertür. Erst wollte sie mich daran hindern. Mit ihren aufeinandergepreßten bleichen Lippen. Ich schob sie zur Seite, das half mir aber auch nicht viel, denn Olgas Zimmer war wieder abgeschlossen. Ich klopfte, ich trommelte, ich rief ihren Namen und brüllte, als sie dann immer noch nicht antwortete. Zwischendurch rief das Weib dauernd der Tochter zu, daß sie so einem Schuft keine Antwort geben solle. Dann lief sie ins Wohnzimmer und kam mit dem Telefonhörer in der Hand zurück, stellte sich in die Türöffnung und drohte, die Polizei zu rufen, wenn ich nicht machte, daß ich wegkäme. Ich rief Olga noch zu, daß ich sie anrufen würde und daß sie zu mir zurückkommen solle. Daß sie sich nicht von dem Miststück vergiften lassen dürfe. Daß ich sie immer lieben und auf sie warten würde. Dann verließ ich, ohne der blassen hirnrissigen Hexe zu sagen, daß sie ihre Tochter doch nur zur Hure für den Meistbietenden machen wolle, oder andere rachsüchtige Anpöbeleien, das Haus, das ich nie wieder betreten habe.

Cäsar und Brigitte Bardot

Menschen sind gemein. Ich zog alle Register. Verzweifelte Versuche, wenn Liebe nicht mehr von beiden Seiten empfunden wird. Als ich sie durch das Fenster der Kneipe, wo ich auf sie wartete, ankommen sah, ging ich schnell zur Musikbox und wählte die alte Quäkplatte »O Susanna«, die ihr Vater im ganzen Haus rumlaufend immer mitgeblökt hatte. Ich hatte die Platte schon mal gespielt, denn ich war eine Stunde zu früh da, mit dem Ehevertrag, dem Ehestandsbuch und sechshundert Gulden in einem grauen Umschlag. Telefonisch hatten wir vereinbart, jeder dreihundert Gulden für den Rechtsanwalt mitzubringen, aber ich war sicher, ihre Mutter würde dafür sorgen, daß Olga nicht einen Pfennig bei sich hätte. Mindestens zwanzigmal hatte ich den Ehevertrag gelesen. Die triste Liste der Sachwerte, die »in die Ehe eingebracht wurden« von der Ehefrau. Eine elektrische Nähmaschine (verkloppt fürn Appel und ein Ei an eine Freundin), Diwan mit Decke und weiteren Zubehörteilen (sie selbst sicher), diverse Gabeln, Löffel und Messer (Marke Adolf H. oder Gott mit uns). »Die Frau soll die Verfügung haben über ihre beweglichen und unbeweglichen Güter und den freien Nießbrauch der Früchte ...« Damit hatte sie sicher nicht schlecht begonnen, dachte ich, als ich sie so mit dem Schwung der Drehtür reinsausen sah. Das Haar trug sie lose. Weit ausgekämmt stand es wie ein breiter Schirm um ihre Schultern. Sie hatte ein mit weißem Pelz besetztes rotes Jackenkleid an. Sicher vom Winterschlußverkauf. Es mußte ihr warm sein darin. Als sie mich sitzen sah, kam sie schnurstracks auf mich zu, ohne nach links oder rechts zu sehen. Wie eine Katze, die irgend etwas jagt und für nichts anderes Auge oder Ohr hat. Die Männer am Lesetisch blickten auf. Ihre Kleidung sagte ihnen genug. Sie musterten sie wie eine, mit der man schon was anzufangen wüßte. Ein auf Touren gekommenes Provinzherzchen. An meinem Tisch blieb sie stehen. Sie wollte keinen Kaffee. Wir sollten sofort abhauen. Und, o ja, sie hätte nicht an dreihundert

Gulden kommen können. Ob ich es ihr wohl so lange auslegen könne. Dann war sie sofort wieder in der Drehtür, und ich hatte Lust, meinen Fuß dazwischenzusetzen und sie betteln zu lassen, klopfen und schreien in dem gläsernen Käfig, bis die Ober und Herren vom Lesetisch sie befreien kämen. So bescheuert und unwirklich sah sie in den Klamotten aus. Als wir auf der Straße waren, sagte ich, daß es das erste Mal sei, daß ich sie in etwas Rotem sähe. Sie sagte, in Alkmaar sprächen alle darüber. Hast du schon Olga gesehen? Und daß sie auch eine ganze Weile braun getragen habe. Als ich sie daran erinnerte, daß sie erst ein paar Monate von mir weg sei, begann sie zu lachen und meinte, genau wie Picasso habe sie eben ihre Perioden. Und als ich danach fragte, sagte sie, daß sie das gestreifte Kleid dem Dienstmädchen gegeben habe. Die wäre ganz begeistert davon. Sie hätte es nur ganz schön engermachen müssen. Auf der Treppe beim Rechtsanwalt, wo ich das erste Mal die Chance bekam, sie mir genauer anzugucken, so energisch war sie neben mir hergelaufen, sah ich, warum sie so kalkig und fremd aussah, als hätte sie ihre Identität verloren. Es war nicht nur die Kleidung. Es war vor allem ihr Gesicht. Ich vermißte die Sommersprossen. Und dann erst sah ich, daß ihre schöne rosa Haut mit all den kleinen braunen Sprenkelchen mit einer dicken Lage Kleister bedeckt war, die am Hals liederlich aufhörte, so daß ihre Haut weiter abwärts bläulich und kränklich aussah. Ich wollte was sagen, denn ich fand's zum Heulen. Aber ich beherrschte mich, denn was hatte ich noch damit zu tun. Sie hatte nun selbst die Verfügungsgewalt über ihre beweglichen und unbeweglichen Güter. Wenn sie wollte, konnte sie ihren Kopf in Pfannkuchenteig stecken oder in den grauen Plisseeröcken ihrer Mutter auf der Straße rumlaufen. Sie guckte mich an und sah die Tränen in meinen Augen. Sie wußte natürlich nicht, daß ich vor machtloser Wut heulte. Wegen ihres Kleistergesichts, des weißen Kaninchenfells, des ganzen verdammten Scheißdrecks. Darum sagte sie, gerade bevor die Tür geöffnet wurde: »Es muß sein, Junge. Es muß.« Das Ekel persönlich führte uns in sein Büro. Ein schlapper fetter Koloß, mit einem Bauch wie eine Biertonne, deren Dauben von einem Hosenriemen zusammengehalten werden. Ein auffallend rosa und speichelnasser Mund, drum herum ein großer Bart, in dem schorfartige Schuppen saßen. Ich kannte ihn aus der Innenstadt. Er war ein bekannter Besucher von Künstlerkneipen. Ich mußte erst die sechshundert Eier abgeben, dann drückte er mir einen Dresdner Schäfer mit Schäferin in die Hände und fragte mich – weil ich Bildhauer war, vermute ich –, was er dafür nehmen könne, er wolle sie verkaufen. Geistesabwesend sah ich auf das Stück Porzellan, stellte es zurück auf den Kaminsims und sagte, daß meine Beratungshonorare viel höher wären als seine. Er ließ sich nicht anmerken, daß er gekränkt war, lachte herzhaft mit wabberndem Bauch, befeuchtete seinen enormen Daumen, indem er ihn gegen die Lippen preßte, und blätterte dann in Papieren, aus denen er nicht ohne Gesabbere hin und wieder etwas herunterleierte. Ich hörte nur halb zu, blickte unterdessen zu den Reihen von Gesetzesbüchern an der Wand, einem Studentenalmanach aus dem Jahre Null und einer Luxusausgabe des Dekameron. Ich sah nur ganz schnell zu Olga rüber, als ich das aufgeblasene Schwein grunzen hörte: »Ein Antrag auf Ehescheidung auf Grund von ihr begangenen Ehebruchs.« Sie saß da und sah zur Decke hoch, als ob das alles sie überhaupt nichts anginge. Als höre sie im Wartezimmer eines Arztes gezwungenermaßen vertrauliche Unterhaltungen mit an. Sie nahm ein paar Flöckchen Kaninchenpelz von ihrem roten Rock, und dabei sah ich plötzlich, daß ihre Nägel lang wie Muscheln waren und rosa lackiert. Und ich ertappte mich dabei zu denken: »Herrlich, so'ne kleine Klaue am Pimmel«, ohne sie in die Vorstellung mit einzubeziehen. Der Fleischpudding vor uns war fertig, setzte sich bequemer, den Bauch zwischen den Beinen wie ein japanischer Mönch, und sagte, während er uns abwechselnd ansah: »Cäsar und Brigitte Bardot. Wie schade! Sollte es mir nicht gelingen, die Täubchen wieder zueinanderzubringen?« Er wußte, daß das nicht ging. Daß er die sechshundert Piepen seine Brieftasche ausbeuteln lassen konnte. Aber aus Rache für die Bemerkung über die Porzellanfigur schob er, bevor wir gingen, Olga ein Stück Papier in die Hand, das ich, wenn sie mich so verrückt würde kriegen können, vor der Scheidung unterschreiben solle. Da stand irgendeine Erklärung drauf, daß sie nicht wirklichen Ehebruch begangen hätte, sondern dies als Vorwand diene, die Scheidung durchzukriegen. Er sagte auch noch, daß sie als geschiedene Frau ohne das Papier in bestimmte Länder nicht reingelassen würde. Südafrika zum Beispiel. Ich sagte ihm, daß gerade die Länder, die am verbrecherischsten und mordlüsternsten seien, auf sexuellem Gebiet besonders scheinheilig täten. Und er solle doch nicht glauben, wir gingen in ein Land, in dem neunzig Prozent der Bevölkerung wie wilde Tiere behandelt würden. Ironisch bemerkte er, daß die Dame darüber in Zukunft selbst zu entscheiden habe. Damit war die Sache erledigt, und wir standen wieder auf der Straße. Eigentlich wollte sie gleich gehen, aber dann dachte sie an das Papier, das ich noch unterschreiben mußte, und ging auf meinen Vorschlag ein, noch irgendwohin zu gehen und etwas zu trinken. Ich rief ein Taxi, und wir fuhren zum Vondelpark. Während wir auf den breiten Alleen zur Rotunde gingen, vorbei an Sträuchern, die wie wildgeworden blühten, flirtete sie ganz offen mit jedem sich selbst oder seinen Hund ausführenden Mann. Um mich herauszufordern, da bin ich sicher, um mir zu zeigen, daß sie vollkommen frei sei und tun und lassen könne, was sie wolle. Und bestimmt auch, weil sie sich früher oft zurückgehalten und nun noch einiges aufzuholen hatte. Mir machte das nichts aus. Es war besser, sie versuchte mich zu verletzen, als Mitleid mit mir zu haben. Kleister im Gesicht schien sie geiler zu machen als Sommersprossen. Mir schien die ganze Situation dem Bildwitz zu ähneln, wo ein Mädchen in der Tür des Sprechzimmers steht, eine Meute Männer hinter ihr, und zum Arzt sagt: »Herr Doktor, ich hab' ein Krümelchen im Auge.« Na ja, als wir erst mal auf der

Terrasse saßen, versteckt hinter der Hecke, war das auch vorbei. Aber da stand sie dann plötzlich energisch auf und sagte, daß sie erst mal kurz anrufen müsse. Als sie zurückkam, sagte sie, sie könne nicht lange bleiben, denn in einer halben Stunde würde sie am Haupteingang abgeholt. Ich fragte, ob sie darum das Schmierzeug im Gesicht hätte, und sie antwortete pikiert, daß das nötig wäre, weil sie sonst wie ausgeschissen aussähe. Sie wollte nur auf die Schnelle einen Campari haben, während ich unseren gewohnten Jungen Genever mit Cola nahm. An ihrem bitteren Drink nippend holte sie das Papier zum Vorschein, legte es vor mich auf den Tisch und fragte beiläufig, ob ich wohl eben unterschreiben wolle. Ich beugte mich drüber und tat so, als ob ich andächtig läse. So blieb ich ungefähr fünf Minuten sitzen, bis sie mich fragte, ob ich es denn immer noch nicht gelesen hätte. Als ich ihr sagte, ich sähe überhaupt keine Veranlassung, das zu unterschreiben, denn sie hätte ja verdammt und zugenäht Ehebruch begangen, sagte sie, daß das gar nichts damit zu tun habe. Daß es darum überhaupt nicht ginge. Ich hätte ihr die Kehle zudrücken können. Ich hätte sie mit ihrem bepuderten Kopf in ihr Glas stoßen und brüllen können, worum es denn in Teufels Namen sonst ginge, wenn nicht um ihren verfluchten Ehebruch. Aber ich blieb ganz ruhig sitzen und sah auf den Kies zwischen meinen Füßen. Sie nahm das Papier und sagte: »Dann eben nicht.« Plötzlich kam mir alles so verdammt bejammernswert vor, und mir war alles scheißegal. Ich riß ihr das Papier aus der Hand, lieh mir ihren Füller und schrieb: WAS DU AUCH GETAN HAST, WAS DU AUCH TUST ODER TUN WIRST, WOHIN DU AUCH GEHST, ICH WERDE DICH IMMER LIEBEN! Und darunter meine Unterschrift. Sie nahm mir das Papier ab und las es sich durch. Sie knüllte es zusammen, steckte den Pfropfen in ihre Handtasche und sagte: »Jetzt ist es wertlos.« Dann stand sie auf, und ohne mir auf Wiedersehen zu sagen, ging sie zwischen den Tischen hindurch zum Ausgang.

Sicherheitszündhölzer

Nach all dem Elend und der Schweinerei dauerte es eine ganze Zeit, bis ich endlich wieder langsam in Schwung kam. Aber ich machte keine Mütter mit Kindern oder Persephones mehr. Zwischen dem Krempel, der die Amstel entlang abgeladen war, suchte ich nach halbverrostetem Drahtgeflecht von Gartenzäunen und Hühnerställen, kaputtem Spielzeug, ausrangierten Haushaltsgegenständen, Brocken Stein und Kork, arrangierte das in meinem Atelier auf Holzschotten, klebte das Zeug an- und aufeinander, goß Teer und Goldlack darüber oder besprenkelte es mit Steinstaub in Kunstharz. Dann ging ich mit dem Schneidbrenner drüber. Bis unter der dicken schwarzen Schicht die Masse vor Hitze brodelte und siedete und dann zu einem Stück verbrannter Erde erstarrte. Dann hatte ich wieder ein Kunstwerk fertig. So machte ich manchmal zwei oder drei an einem Tag. Bis mein Atelier total vollgestopft war und wie eine Fledermausgrotte aussah. Gebilde, vor denen Kunstliebhaber, allein wegen des Gewichts, erschraken. Und wenn ich's mal wieder satt hatte, wenn mir schon das Kotzen kam, wenn ich die Monstren nur sah, packte ich eine ganze Serie in meinen alten Riley (der Kinderwagen war noch zu Olgas Zeiten unter dem Gewicht meiner Geisteskinder durch die Federn gegangen) und ertränkte sie wie früher in der Amstel. Aber nun allein und mitten in der Nacht. (Olga sagte einmal, als an der Stelle Enten gründelten: »Die gehen zur Ausstellung.«) Und ich muß durch mein besessenes Wühlen, mein verwahrlostes, versengtes Äußeres und den Mülleimerblick, mit dem ich Abfall aufspürte, offenbar wie ein ausländischer Stromer ausgesehen haben, denn ein quirliges Weiblein, das anläßlich der Krebsbekämpfungswoche mit klappernder Sammelbüchse auf dem Dam rumlief, übersetzte ihren Spendenaufruf, als sie mich ankommen sah: »The cancer ... the cancer ...« Als ich mal aus einer Kneipe kam, in der ich wirklich nur eine Tasse Kaffee getrunken hatte, zischte mir ein altes Frauchen zu: »Alkohol ist Gift.« Weiber nahm ich nicht mehr mit nach Hause. Die letzten beiden hatten genug Scheiße gebaut. Darum beschloß ich, endgültig damit aufzuhören. Kein Schnickschnack mehr in meinem Hause. Dann schon lieber zu den Huren gehen. Das ist außerdem sogar billiger. Die braucht man nicht mit Getränken zu traktieren, und man muß sich auch nicht stundenlang allen möglichen Stuß anhören. Nach einer halben Stunde steht man wieder auf der Straße, kann man wieder an die Arbeit gehen. Und doch hatte es so nett begonnen, mit der schwedischen Astrid. Anfangs war ich allerdings etwas mißtrauisch, weil sie so kräftig zusammengedrückte Kippen im Aschenbecher hinterließ. Aber sie sah so herrlich aus, wie die Sanftheit aus Schweden in Person, wie ein makelloses pin-up, so daß ich die Warnung in den Wind schlug. Am ersten Abend schien alles so wunderbar. Ich dachte sogar, sie könne vielleicht eine zweite Olga werden. Ich sagte, ich würde eine Liebeserklärung auf Schwedisch auf ihren Bauch schreiben. Und mit ihrem kirschroten Lippenstift schrieb ich auf die prächtige blonde Decke, die man mit dem Daumen im Grübchen hochheben zu können schien: SÄKERHETS TÄNDSTICKOR! Sie fand's nicht zum Lachen, aber woher in Teufels Namen sollte ich wissen, wie »ich liebe dich« auf schwedisch heißt. Anfangs war sie lieb. Sehr lieb und sanft. Aber im Laufe der Zeit fand sie immer mehr zu bemäkeln. Sie hatte vor, sich auf Dauer einzunisten. Es reichte nicht mehr, daß ich mich morgens duschte, nein, bevor wir ins Bett gingen, sollte ich auch noch mal unter den Strahl. Oder sie kaufte eine Gesundheitszahnbürste für mich, so eine mit behaartem Knauf vorne dran, daß ich von dem ganzen Maul voll Haare beinahe kotzen mußte. Und dann war auf einmal die Bettwäsche nicht mehr sauber genug. Die mußte augenblicklich gewechselt werden. Als ich sagte, daß das nicht ginge, lag sie sofort steif und kalt wie ein Eiszapfen neben der schon zu einem Haufen zusammengeworfenen Bettwäsche. Ein paar Tage später, als sie aus dem Bett stieg, um auf den Lokus zu gehen, sprangen so viele Katzenflöhe an ihren Unterschenkeln rum, daß es aussah, als trüge sie dunkle Kniestrümpfe. Mit ihrem Uddevalla-Englisch begann sie mich anzuschreien und zu beschimpfen, während ich mich im Bett vor Lachen bog und strampelte. Sie rieb und pflückte ihre Beine flohfrei, zog ihre geschmackvollen Kleider über ihren formvollendeten Körper und verschwand aus meinem Leben. Mit Thea, einer der letzten Blumen, die in meiner Bettwäsche erblühten, ging es noch schneller. Nach einer ausgedehnten Fickerei saß sie auf dem Rand meines Bettes (in der Hand eine Banane, die sie wie üblich durchgeschnitten hatte und wie ein weichgekochtes Ei auslöffelte) und erzählte, daß sie eine ganze Stunde lang geheult hätte, als die Nachricht von Marilyn Monroes Tod im Radio gekommen war. Ich kam hoch und blieb perplex sitzen. Ich hatte beim Hören desselben Berichtes das Gefühl gehabt, Olga gäbe es plötzlich ebenfalls nicht mehr. Als ob sie mit dem Bericht auf immer verschwunden wäre. Um meine Verwirrung zu verbergen, sagte ich, daß ich Marilyn wahrscheinlich nicht mal in die Grube lassen könnte, ohne einen Steifen zu kriegen. (But stiff back or stiff knees, You stand straight at Tiffany's.) Sie sprang auf, als hätte sie auf einem Skorpion gesessen, und begann mich mit schlappen Händen wild und unkontrolliert überall zu schlagen. Erst ließ ich sie sich austoben, aber als sie mir einen Schwinger auf das Nasenbein gab, von dem ich beinahe k.o. gegangen wäre, wurde ich plötzlich so fuchtig, daß ich sie aus meinem Bett schleifte, sie nackend in den windigen Abend schubste und ihre Klamotten hinterherwarf. Und damit war für mich der Fall erledigt. Bei mir kam keine mehr rein. Am gleichen Tag schmiß ich die Schale mit Haarnadeln, Ohrringen und Broschen, die ich im Laufe der Zeit in, unter und hinter meinem Bett gefunden hatte, in den Mülleimer. Ich hob nur jenen Ohrring in der Form eines Seepferdchens auf, den Ans oder Wies oder Rieke mir beim Bettwühlen immer an den Pimmel geklemmt hatten. Wenn ich in Zukunft eine Frau nötig hatte, sah ich mich in der Stadt um, bis ich eine fand, die nicht nur nett genug war, sondern auch eine eigene Wohnung oder mindestens ein eigenes Zimmer hatte. Und so konnte es passieren, daß ich in der Apollolaan, in einem mit glitzerndem, teurem rosa Kitsch vollgepfropften Haus, wo man vom Dachboden bis in den Keller im Adamskostüm auf dem Fußboden voller Pelze und Velours nach unten rollen konnte, ohne sich auch nur einmal zu stoßen, mit einem so vornehmen Weib, einem Segelschiff mit mehr Mast als Achtersteven, im Bett landete und, nachdem ich rübergerutscht war, mich selbst fragen hörte: »Haben Sie Ihren Höhepunkt gehabt?« Nach einiger Zeit kannte ich überall in der Stadt Mädchenzimmer, die aber meistens nur über schwierige Wendeltreppen zu erreichen waren, so daß man schon die Geschicklichkeit einer Gemse und die Geilheit ihres Bockes brauchte, um überhaupt dort anzukommen. Meistens war's ein unordentlich mit Brettern abgeteilter

Verschlag des vorderen oder hinteren Dachbodens, wo man im Stockdunklen, quer durch die Wäsche der Leute vom unteren Stockwerk, auf das durch Ritzen schimmernde Licht zutigerte. An der Wand fast immer eine Reproduktion der Sepiazeichnung »Marokkanische Tänzerin« von Delacroix, eine Theaterszene von Toulouse-Lautrec oder ein paar Ballettmädchen von Degas. Ich höre ihre Stimmen immer noch, wie sie mir Dinge sagen, die ich behalten habe: »Dreh dich doch mal andersrum«, »Sollen wir einander kleine Dingerchen reinstecken?« »Der Lümmel, den die haben, sieht zehn Jahre älter aus als sie selbst.« Gertie, die verrückte Wachtel, die eine Wand ihrer Dachkammer von oben bis unten mit Muscheln beklebt hatte und sich mit ihrer nackten Vorderseite gegen die scharfen Muschelränder preßte, wenn ich ihr mit einer Reitgerte kräftig ein paar überziehen mußte, und die dabei rief: »Geißel mich, Herr! Geißel mich!« Sie hatte in einer Anstalt gearbeitet, in der sie Lebewesen versorgen mußte, die nicht ansprechbar waren, die nichts anderes konnten, als liegen und Schleim und Kot ausscheiden und die »Pflänzchen« genannt wurden. Später hatte sie einen Kursus besucht und die Berechtigung erworben, mongoloiden Kindern Unterricht geben zu können. Über ihrem

Schreibtisch hing in großen Blockbuchstaben der Spruch: MONGOLISMUS IST EIN CHROMOSOM ZUVIEL. Und darunter in ihrer beinahe unleserlichen Handschrift: *Mongolismus wird also nicht hervorgerufen durch Alkoholismus oder Geschlechtskrankheiten und ist auch nicht Folge des Kinderkriegens in fortgeschrittenem Alter. Er ist ein Fehler in der Reduktionsteilung.* Sie sagte, daß man manchmal sogar richtig sadistisch gegen die kleinen molligen Trallalas vorgehen müsse, denn ihre Eltern hätten sie aus Schuldgefühl oft so sehr verwöhnt, daß sie zu faul wären, sich den eigenen Mantel auszuziehen. Aber bald würden sie sehr anhänglich werden, wären sie so außer Rand und Band, wenn sie morgens ankam, daß sie ihr auf dem Gang entgegenstürmten und vor Freude um sie herum Purzelbäume schlügen. Von Gertie führte mich meine Diaspora wieder in das triste Hinterzimmer im Westend, mit Aussicht auf wäschebehangene Veranden, Zinkbadewannen und unter Plastikhauben abgestellte Mopeds. Zu dem geschiedenen Frauchen mit den drei rotznäsigen Blagen. Wenn ich da ankam, mit Süßigkeiten für die Kinder, die mich Onkel nannten, lotste sie mich sofort in einen altersschwachen Korbstuhl. Als müsse ich erst richtig zu Kräften kommen, bevor wir im

Schlafzimmer landeten. Während sie das Radio einschaltete, sagte sie dann: »Setz du dich erst mal in einen bequemen Stuhl und hör dir gute Musik an; Ina holt ein Schälchen gute stärkende Suppe für dich.« Mit dem kleinen Kroppzeug auf dem Schoß saß ich und erzählte dann stundenlang, bis ich durch meine Hosenbeine ihre nassen kleinen Löcher fühlen konnte. Und wenn ich ihr beim Abwaschen half und sie mir ein frisches Geschirrtuch holte, sagte sie: »Warte, mein Jungchen, du sollst von Ina ein durstiges Tuch haben.« Das betrübliche Gefühl, daß es nicht lange gutgehen würde. Daß ihr zweiter Vater auch bei Nacht und Nebel verschwinden würde. Manchmal war ich so lange von zu Hause fort, daß beim Ziehen auf der Toilette wie nach dem Urlaub rostiges Wasser aus dem Spülbecken kam und die Katze, wenn ich sie von Nachbarn abgeholt hatte, erst mal wie bei Fremden alles im Hause beschnuppern mußte. Und so gab es dauernd was anderes. Andere Begegnungen, andere Kinder, andere Zimmer. Und die erste Weihnacht ohne Olga, als ich vor Melancholie gestorben wäre, wenn ich die allein hätte durchbringen müssen, fummelte ich auf dem Innenhof einer armseligen Parterrewohnung in der Pijp mit einem Kaninchen rum. Das war bei einer lieben Mutti aus Surinam, mit einem traumhaft schönen Töchterchen von sechs Jahren, die von ihrem schwarzen Ritter im Stich gelassen worden war. In einem leichtsinnigen Moment hatte ich gesagt, daß ich das Kaninchen genauso auf surinamische Art zurechtmachen könne wie ihr Mann. Und dann mußte ich auch dran glauben. Es mußte nicht gehäutet, sondern rasiert (und zwar ohne die Haut auch nur zu ritzen), danach mit einer Fahrradpumpe aufgepumpt werden, damit Luft zwischen Haut und Fleisch kam. So, mit allem dran und drin, mußte es dann in die Bratröhre. Ich konnte einfach nicht glauben, daß nicht erst das ganze Darmzeug rausmußte. Sie sagte nein, bestimmt nicht, sonst würde die Luft nicht drin bleiben können. Aber so weit ist es nicht gekommen. Denn als ich, das Rasiermesser ihres Mannes in den kalten Händen, in den Pelzflocken stand (ich hätte mich nicht gewundert, wenn einer der Nachbarn, die hinter erleuchteten durchsichtigen Weihnachtssternen standen und mich belauerten, den Tierschutzverein angerufen hätte), konnte ich plötzlich nicht mehr. Als ich daran dachte, daß ich das halbkahle blaugraue Scheusal, das noch am ehesten einem gerade geborenen verkrüppelten Baby glich, auch noch aufpumpen mußte, kam mir der Magen hoch.

Das reichte mir. Ich nahm das große Küchenmesser, häutete das Kaninchen, schnitt es auf, zog die Eingeweide heraus und hackte es dann in aller Gemütsruhe peu à peu in Stücke. Sie war sehr enttäuscht, meine schwarze Prinzessin. Und später am Abend, als wir für ihr Töchterchen das Weihnachtsbäumchen schmückten, war sie schweigsam. Aber als wir aneinandergeschmiegt im Bett lagen, sagte sie, daß alles wohl nicht so schlimm sei und das Kaninchen à la Holland morgen bestimmt sehr gut schmecken würde. Über ihre Schulter sah ich durch die gefleckte Tüllgardine zur Straße, wo ich im Licht der Laterne den ersten Schnee des Jahres fallen sah. Und ich sagte ihr, daß ich am Weihnachtsmorgen eine Überraschung für sie hätte. Als sie fragte, was es wäre, wollte ich es erst nicht sagen, tat es dann aber doch: »Eine weiße Weihnacht.« Sie drehte sich um, und gemeinsam sahen wir den fallenden Schneeflokken zu. Sie begann zu summen: »I'm dreaming of a White Christmas.« Und verdammt, ich sang mit. Denn wenn einer, so wie ich, ein Jahr voller Elend und Unglück hinter sich hat und dann in der schmutzigen und armen Umgebung der Pijp den schwachsinnigen schleimigen Bing-Crosby-Mist nicht über seine Lippen kriegen kann, ist er keinen Schuß Pulver wert.

Die Verdammungsnägel

Kurz nach Neujahr war es auf einmal vorbei mit dem Vater-und-Mutter-Spiel. Ich konnte nicht mehr nächtelang von zu Hause wegbleiben. Weil ich selber Vater geworden war. Unglücklicherweise. Und war es auch nur von einer Lachmöwe. Ich arbeitete gerade in meinem Atelier, mit aufgekrempelten Hemdsärmeln und bis zu den Ellbogen im Dreck, als ich plötzlich ein Auto kreischend bremsen hörte. Als ich nach draußen ging, stand ein Kleinbus vor meiner Tür. Der Fahrer stand davor und zu seinen Füßen lag eine Möwe. Er sagte, daß er überhaupt nichts begreife. Er hätte das Tier nicht einmal berührt. Die Möwe hätte auf der Straße gesessen und an einem plattgefahrenen Butterbrot rumgepickt, und er hätte gebremst, weil sie nicht mehr schnell genug weggekommen sei. Dicht vor seiner Windschutzscheibe sei sie hochgeflattert und dann plötzlich runtergefallen. Vorsichtig trat er gegen den weißen Körper und sagte, daß das Tier seiner Meinung nach tot sei. Daß es wohl vor Schreck gestorben sei. Ich sagte, ich würde es mit reinnehmen, um es mir doch noch mal anzusehen; dann verschwand ich schnell, spülte meine Arme ab und kam mit einem Karton wieder, in den ich die Möwe legte und mit ins Atelier nahm. Es war eine Lachmöwe. Schnabel und Füße waren prächtig feuerrot, und neben den Augen saßen ein paar schokoladenfarbene Fleckchen. Aber ich hatte keine Zeit, mich lange mit dem Tier zu beschäftigen, denn die Matsche im Eimer, die ich auf eine Holzplatte zu kleistern hatte, wurde schnell hart und ließ sich dann nicht mehr verarbeiten. Während ich intensiv beschäftigt war, hatte ich plötzlich das Gefühl, beobachtet zu werden. Als ich aufblickte, stand die Möwe in ihrem Karton, den Kopf über den Rand gehoben, und sah mir zu. Neugierig, denn erstmals in ihrem Leben war sie Zeuge bei der Entstehung eines Kunstwerkes. Als ich fertig war, ging ich zum Karton. Die Beine knickten ein, und sie kroch in sich zusammen. Vorsichtig befühlte ich die Flügel, aber es schien nichts gebrochen zu sein. Darum warf ich sie einfach mal hoch. Flatternd fiel sie vor meinen Fußen auf den Fußboden und blieb mit gespreizten Flügeln auf der Seite liegen. Ich hob sie auf und hatte auch schon den ersten Flatschen auf dem Fußboden. Ich lud den Karton ins Auto und fuhr damit zum Tierarzt, und zwar zu demselben, der damals mitten in der Nacht meine Katze operiert hatte. Das wüßte er noch, sagte er, während er die Möwe befühlte und nichts feststellen konnte, was sie am Fliegen hätte hindern können. Damals wäre Gewitter gewesen, das wüßte er auch noch. Er fragte, ob es uns gelungen sei, die kleinen Kätzchen am Leben zu halten. Ich erzählte ihm, daß sie liebevoll versorgt worden waren. Daß sie sie gesäugt hatte mit einer Maggiflasche voll lauwarmer Milch. Er meinte, die Möwe könne in ein paar Tagen wohl wieder fliegen, im Moment sei sie offensichtlich etwas durcheinander. Als ich mit dem Karton unterm Arm wegging, sagte er, ich solle nicht vergessen, meiner Frau schöne Grüße zu bestellen. Ich nickte und dachte mir, daß Olgas leidenschaftlicher Dankeskuß es ihm angetan hatte. Denn das war etwas, was man nie vergaß. Zu Hause stellte ich den Karton mit der Möwe ins vordere Zimmer. Das war ja doch leer, und an dem Spruch der beiden amerikanischen Ziegen ONE WHO PUTS

SALT IN THE SUGAR BOWL IS A MISANTHROPE, der, auf dem vergilbten Papier beinahe unleserlich geworden, immer noch an der Wand hing, würde sie wohl kaum Anstoß nehmen. Ich wollte ihn erst verändern in »one who puts a seagull in the sugar bowl is a misanthrope«, aber zu mir kam ja doch niemand mehr, und für sich selbst hat man mit dem Ausdenken an sich genug. Mitten ins Zimmer stellte ich die Abwaschschüssel voll Wasser, und ein paar Mal am Tag ging ich hin und fütterte die Möwe mit feingehacktem Fisch. Anfangs wollte sie nicht aus meiner Hand fressen, aber als sie hungrig genug war, pickte sie den Fisch von meinen weit ausgestreckten Fingern und verschlang ihn. Und immer wieder scheuchte und jagte ich sie ein wenig, um zu sehen, ob sie beim Fliehen nicht doch die Flügel benutzte. Aber nein, vorläufig lief sie noch schnell und mit klatschenden Füßchen auf dem Linoleum vor mir her, das schon bald eine verklebte, stinkende weiß-braune Fläche geworden war. Ich habe sogar Hartfaserplatten auf den Fußboden gelegt, um so, mit der natürlichen Beschmutzung und dem Muster ihrer Fußabdrükke darin, eine neue Art von Gemälde zu kreiieren. Aber die konnte ich an niemand verkaufen, nicht für Geld und nicht für gute Worte.

Tierfreunde sind selten Kunstfreunde. Und außerdem hätte einer schon ein schlecht entwickeltes Geruchsorgan haben müssen, denn die paintings stanken nach Hühnerstall im Fischgeschäft. Wenn ich abends nach Hause kam, in das Zimmer ging und sofort das Licht anmachte, stand sie auf einem Bein mitten in der Abwaschschüssel voll Wasser. Ich wußte, wie schwer es mir fallen würde, sie freizulassen, falls sie jemals wieder fliegen können sollte. Zu Anfang jenes Jahres (das Jahr der Möwe darf ich es wohl nennen, denn ich habe das liebe Tier, an dem ich immer mehr hing und an das sich mit der Zeit sogar meine Katze gewöhnte, acht Monate zu Gast gehabt) drangen nur vage Berichte über Olga zu mir durch. Daß sie sich einige Monate nach der Scheidung Hals über Kopf in Schottland trauen lassen wollte. Im letzten Moment hatte sie das aber doch lieber bleiben lassen, um die festgesetzten neun Monate abzuwarten. Aber ihre Mutter mußte sich zu guter Letzt noch deutlich in Szene setzen. Mit all ihrer Gemeinheit. Sie schickte mir eine Rechnung. Über ihren Rechtsanwalt. Sie wollte von mir verdammt noch mal das Linoleum bezahlt haben, das sie vor zwei Jahren Olga zum Geburtstag geschenkt hatte. Das kackfarbene Stück, auf dem Olga in ihrer Küche stand, war plötzlich »mittelmeerblau« geworden. Mit ihren hohen Absätzen hatte sie in kurzer Zeit Dellen reingetreten, und an manchen Stellen war es sogar regelrecht perforiert. Und dafür sollte ich nun auch noch bezahlen. Ich ging sofort zu einem Rechtsanwalt. Aber nicht zu der schleimigen, korrupten Kröte, bei der wir wegen der Scheidung waren. Nein, diesmal geriet ich an einen anständigen Mann, der einen netten, aber vernichtenden Brief an ihren Rechtsanwalt schrieb: *Mein Klient teilt mir mit, daß Ihre Klientin die Zahlung, auf die die von Ihnen aufgeführten Rechnungen Bezug haben, aus Generosität gegenüber meinem Klienten und der Tochter Ihrer Klientin geleistet hat, daß mitnichten diese Leistung als Auslage für meinen Klienten anzusehen ist. Zahlungen an Ihre Klientin zu leisten, sieht mein Klient aus obenerwähnten Gründen keine Veranlassung.* So, damit konnte sie in ihrem eigenen Fett braten. Und das tat sie wohl auch, denn ich hörte nichts mehr von ihr. Im Herbst des Jahres der Möwe (wenn ich Fisch in der Hand hatte, sprang sie sogar auf meinen Schoß) sah ich unverhofft Olga im Kaufhaus Bijenkorf. Wie ein Fakir schleppte ich unterm Arm eine kongolesische Nagelskulptur mit mir rum, die ich bei einem Freund für ein Bild der gleichen Gewichtsklasse eingetauscht hatte. In meinem Wagen wagte ich das Ding nicht zu lassen, denn bei dem Vehikel konnte ich keine einzige Tür mehr abschließen. Der Körper der Skulptur war so voller rostiger Nägel, daß er einem Stachelschwein glich, und in den Bauch war ein Spiegel eingebaut, der wie ein Fernseher wirkte. Plötzlich sah ich Olga dastehen und in einem Kasten mit Handschuhen rumwühlen. Herrenhandschuhe, durchfuhr es mich, bevor ich daraufkam, daß es nie und nimmer Olga sein konnte, weil die nicht blond war. Eine ganze Weile sah ich ihr zu, dann stellte ich mich hinter sie und sagte: »Zu Hause hab ich noch einen Umschlag mit roten Haaren von dir.« Sie drehte sich um, als hätte ich sie in den Hintern gepikt. Mein Anblick ließ sie rot vor Verlegenheit werden. Dann wurde ihr Gesichtsausdruck wieder gefaßt, und sie sah mich an, als wäre ich irgend jemand aus der Masse. Ich mußte daran denken, daß ein Bekannter, der sie vor kurzem getroffen hatte, mir erzählt hatte: »Die Wärme, die ist aus ihren Augen verschwunden.« Ich konnte sehen, daß das stimmte, aber ich wollte es einfach nicht glauben. Es gelang mir, sie in den Fahrstuhl zum Restaurant zu kriegen, und ich nahm mir vor, nichts mehr über das rote Haar zu sagen. Da saßen wir dann, mit Aussicht über die Stadt, und die Skulptur zwischen unseren Tassen. Mir war so gottserbärmlich elend zumute, denn von Anfang an wollte kein Fünkchen der alten Vertrautheit überspringen. Als begänne ich mein soundsovieltes Abenteuer. Als würde ich in einer Stunde wieder den Nachgeschmack eines flüchtigen Bettbesuches im Munde haben. Aber wenn es um Olga ging, konnte ich einfach nicht so denken. Die Olga von früher. Ich fragte sie, für wen sie Handschuhe kaufen müsse, und sie sagte: »Ich hab' nur mal so geguckt.« Während sie ihre Kippe nicht ausmachte, sondern eine neue Zigarette daran entzündete, fragte sie, was ich da für ein Ding bei mir hätte. Ich antwortete, daß die Skulptur mit dem Spiegelchen die Hülle eines Geistes sei. Und die Nägel seien Verdammungsnägel. Man schlüge sie rein, wenn man einem Feind Schlechtes wünsche. Ohne zu lächeln meinte sie, daß ich dann doch sicher eine Menge für sie reingeschlagen hätte. Ich mußte lachen und erwiderte, daß ich mit der nackten Skulptur in den Bijenkorf gekommen wäre, aber als ich sie da hätte stehen sehen, hätte ich mit einem Donnerwetter die Nägel reingerammt. Als ich sie ansah, wich sie meinem Blick aus. Wohl wegen der Haare. Ich konnte kaum hinsehen. Wie hatte sie das tun können. Dusseltier. Sie sah verstört aus. Bedauernswert. Aber auch unecht. Wie ein koloriertes Foto. Als ich von der Möwe erzählte, die den Fußboden des Zimmers mit einer immer dicker werdenden Schmutzschicht bedeckte, begann sie plötzlich von ihrer Mutter zu reden. Sicher, weil sie sich wegen der Rechnung für das Linoleum schämte. Sie sagte, daß ihre Mutter doch auch lieb und nett sei. Sie könne jederzeit mit ihr rechnen, falls sie wieder nach Hause wolle. Aber sie nahm viel zuviel Geld aus dem Geschäft, das doch nicht so gewaltig gut ging. Und jedes Jahr wollte und mußte sie in vollem Ornat als lustige Witwe mit ihrer Freundin zum Wintersport nach Österreich. Mit dem Personal hatte sie auch dauernd Schwierigkeiten. Als einmal aus der Toilette ein Handtuch verschwunden war, hatte sie kein anderes hinhängen wollen, bevor nicht das alte zurück war. Sie hatte ein Stück Papier unter den Haken geklebt und draufgeschrieben: WAS HIER HING, IST AM 26. MAI GESTOHLEN WORDEN. Als ich sie fragte, wie es ihr denn ginge und ob sie noch lieb wäre, sagte sie, mich dabei ansehend: »Siehst du das nicht? Die Leidenschaft strahlt mir doch aus den Augen.« Aber kurz darauf erzählte sie ein wenig niedergeschlagen die Geschichte ihres ersten Abenteuers. Das nicht lange gedauert hatte, weil der Mann ein Schlappschwanz war. Und verheiratet mit einer Engländerin. Das hatte er wohl anfangs unwahrscheinlich interessant gefunden und holländisch zu sprechen versucht wie jemand, der schon vor zwei Jahren ausgewandert ist. Sich scheiden zu lassen, das wagte er nicht, weil sein Vater ihm gedroht hatte, ihn dann zu enterben. Er war regelrecht impotent aus Angst vor dem Mann. Bei ihr hatte er gesessen und geflennt, wegen seines Söhnchens, das unglücklich dran war und das er nicht im Stich lassen konnte. Sie sagte, sein Selbstmitleid wäre so stark gewesen, daß er einmal, als sie in einem Hotel in Kijkduin waren, in ihrer Gegenwart beinahe Selbstmord begangen hätte. Mit Schlaftabletten. Während er sich eingehend sein Gesicht im Spiegel über dem Waschbecken betrachtete. Das war alles nur Mache gewesen, nur weil er sich selbst so interessant fand, hatte er versehentlich zu viele Tabletten geschluckt. Sie hatte einen Krankenwagen rufen müssen. Im Krankenhaus hatten sie ihm den Magen ausgepumpt. Als sein Vater sie auch noch anrief und sagte, daß es nun lange genug gedauert hätte, daß es aus und vorbei sein müsse, daß er pro Jahr drei oder vier dieser weinerlichen Dramen aufführe, hatte sie plötzlich die Nase voll gehabt. Sie hatte ihn nicht einmal mehr im Krankenhaus besucht. Ihre Mutter hatte getobt. Denn die bekam sie nicht nur wieder ins Haus, sondern sie verlor auch das Geschäft in Rotterdam als Kunden. Auf meine Frage, warum sie denn damals nicht zu mir zurückgekommen sei, antwortete sie: »Das konnte ich nicht. Ich wollte nur in aller Ruhe leben, mich wohl fühlen. Weiter nichts. Ausgehen und an Bars sitzen. Nur so, unter fremden Menschen sein.« Ich erzählte ihr, als ich gehört hatte, sie sei wieder verheiratet, hätte ich immer geglaubt, das wäre mit dem Mann. Sie schüttelte den Kopf und sagte, daß sie nach all den Widerwärtigkeiten von dem Mann nicht einmal mehr seinen Atem im Nacken ertragen hätte. Sie war jetzt mit einer Geschäftsverbindung aus Alkmaar verheiratet. Der Mann interessiere sich nur für Fußball und Churchill. Darüber wüßte er alles. Meine Frage, ob ihre Mutter wieder ihre Finger im Spiel gehabt hätte, beantwortete sie mit einem wütenden Ausfall: »Du denkst immer nur, meine Mutter hätte überall die Schuld. Der Mann kommt schon seit Jahren zu uns nach Hause.« Wir schwiegen eine Weile, und sie fummelte mit den Fingern ein wenig an den Nägeln der Skulptur rum und meinte, daß man das Spiegelchen ganz gut gebrauchen könne, um sich zurechtzumachen. Unvermittelt fragte ich sie, ob sie glücklich sei. Sie nickte, und dabei entdeckte ich an ihr etwas von der früheren Olga, die mal erzählt hatte, in einem Aquarium mit einem Stück Baumrinde hätte sie eine kleine grüne Wasserschildkröte. Aber sie wollte so gern eine haben, wie wir mal eine im Zoo gesehen hatten, so eine, die ganz und gar unter ihrem Schild verschwinden könne. Eine Landschildkröte. Und daß sie im Frühjahr ein junges Geißlein haben möchte. Ich fragte lachend, ob sie denn inzwischen mal ein leeres Schwimmbad gesehen hätte, denn ich erinnerte mich daran, daß sie früher einmal, als wir am Mirandabad vorbeigingen, gesagt hatte: »Ich habe das tiefe Verlangen, ein Schwimmbad ohne Wasser zu sehen.« Ich erzählte, daß ich deswegen im vergangenen Winter mal reingegangen war, als gerade die Tür offenstand. Wie seltsam und beklemmend das gewesen war, die großen Becken aus blaugrünen Kacheln mit den angehäuften vertrockneten Blättern in den Ecken und die leeren Umkleidekabinen. Daß nur das verlassene Spielfeld freundlicher aussah und an den Sommer denken ließ. Als ob die Schatten der dicken Walrösser aus der Nachbarschaft, die morgens um sieben Uhr »ihre Runde« schwammen und durch ungelenke Freiübungen schlank zu werden versuchten, sich da noch rumtrieben. Sie wußte auch noch, daß sie einmal mitten im Winter von einer Wespe gestochen worden war. Und zwar im Schnee im Amsterdamer Stadtwald. Sie hatte ihre Handschuhe vergessen und darum den Ärmelaufschlag runtergekrempelt. Und da drin hatte die Wespe zum Überwintern gesessen. Plötzlich wurde sie wieder steif und abweisend. Sie erlaubte sich selbst nicht, zu vertraulich zu werden und über das Damals von vor zwei Jahren zu sprechen, das so entsetzlich weit weg zu sein schien. Das paßte bestimmt nicht zu ihr, wie sie nun war, wie sie aussah. Und doch konnte ich ein Gefühl des Triumphes nicht unterdrücken und dachte: »Du wirst schon noch kommen.« Nur würde sie vom Leben noch mehr Schläge einstecken müssen. Sie ging mit mir mit bis zu meinem Auto, in das sie sich sofort verliebte. Sie fragte, ob ich noch wüßte, daß wir einmal, als ich für einen Auftrag Vorschuß bekommen hatte, auf eine Anzeige hin wegen eines Jaguar Baujahr 1946 losgezogen waren. Ich ergänzte, daß der Händler beleidigt gewesen war, weil wir für die siebenhundert Gulden sogar ein fahrendes Auto verlangt hatten. Sie mußte lachen, und dann setzte sie sich eben auf meinen Platz hinter das Lenkrad. Sie trat Gaspedal und Bremse und Kupplung. Ich sah ihre sich bewegenden Beine und mußte daran denken, wie ich sie kennengelernt hatte. Wie sie mich von der Landstraße aufgelesen und mitgenommen hatte. Sie stieg wieder aus und meinte, daß sie wohl kaum die richtigen Kleider für so ein Auto trüge. Hosen und Pullover wären wohl passender dafür. Aber das wäre für sie vorbei. Sie müsse jetzt eine Dame sein. Während ich auf der anderen Seite die Nagelskulptur ins Auto manövrierte, beugte sie sich vor, guckte ins Wageninnere und besah sich eines meiner Gemälde, das gegen die Rückbank gelehnt stand. Sie fragte, ob ich zur Zeit solche Arbeiten mache und ob ich die wohl auch loswerden könne. Ich würde viel davon verkaufen, antwortete ich. An junge frischverheiratete Intellektuelle in den Apartmenthäusern der Außenbezirke. Weil sie schallschluckend seien. Daß ich aber auch Autoladungen voll in die Amstel schmisse. Genau wie früher mit dem Kinderwagen. Sie zuckte mit den Schultern und sagte, sie müsse nun gehen. Sie gab mir die Hand, und ich streckte ihr ganz natürlich und unbefangen meine Hand entgegen, denn ich hatte nicht einen Moment damit gerechnet, daß wir uns zum Abschied küssen würden. Wir würden uns ja wohl öfter über den Weg laufen, meinte sie noch. Danach verschwand sie in der Menge. In den ersten Wochen nach dieser Begegnung fühlte ich mich hundeelend. Als wäre, da ich die Geschichte ihres ersten Abenteuers nun kannte, der ganze Schlamassel von damals unbegründet gewesen. Die ganze Affäre scheißbanal wie ein Melodrama. Und natürlich fand ich Trost bei meiner Möwe. Aber nicht so, wie es die Tierfreunde tun, die ihren Menschenhaß in behaarte Öhrchen flüstern oder ihrem Papagei das Fluchen beibringen, sondern ganz einfach durch Ruhe. Mir war, als wäre ich im Zoo beim Diorama, als ich da auf meinem alten Stuhl saß, aus dessen Sitz das Seegras herausquoll, und nach meiner Möwe sah, die totenstill auf der mit Vogelmist bedeckten Platte wie auf einer Sandbank stand. Oder kräftig mit ihren roten Füßen paddelnd in der großen Wanne rumschwamm und mit den Flügeln das Wasser in großen Perlen über sich planschte. Dann, als ich eines Morgens reinkam, stieg sie plötzlich auf, und mit energischen Flügelschlägen flog sie um mich herum. Als würde die Enge zu Stücke zerschlagen. Ihre Flügel schienen die Wände des Zimmers niederreißen zu wollen. Sie flog und flog und flog um mich herum. Und ich stand da und mußte heulen. Ich habe mir das ganze verdammte erbärmliche Scheißelend der vergangenen zwei Jahre von der Seele geweint. Und mit vom Heulen verzogener Visage brachte ich die Möwe in einem Karton zum Deich an der Amstel. Dort, auf der aufgeschütteten Sandfläche, in der Ferne die Möwen über den Teichen und Seen, öffnete ich den Karton. Sie stieg sofort hoch in die Luft. Und wie es sich beim Abschiednehmen für einen Vogel gehört, zog sie über mir ein paar Kreise. Dann war sie plötzlich aufgenommen in einen Schwarm schreiender und kreischender Artgenossen. Ich wollte rufen, schreien, aber ich konnte keinen Ton rausbringen. Als hätte jemand von hinten seine Hände um meinen Hals gelegt und würde mir mit aller Kraft mit den Fingern die Kehle zudrücken.

Nice Dolls & Judaspuppen

Tagelang bin ich in dem Zimmer auf Knien rumgerutscht und habe den verkrusteten Vogelmist vom Fußboden gekratzt. Schließlich hatte ich's dann geschafft, aber das Zimmer blieb trotzdem unbewohnbar. Den Gestank, eine beißende Mischung aus Hühnerscheiße und getrockneten Flundern, konnte man schneiden. Als würden die Wände ihn ausdünsten. Aber die Ursache war die aufgeweichte Scheiße, die Jauche, die mit dem Scheuerwasser unter die Fußleisten gelaufen war. Ich habe wirklich alles und noch mehr versucht. Seifenpulver habe ich ausgestreut, Eau de Cologne verspritzt, eine Wanne mit Terpentin hingestellt. Nichts half. Ein paar Tage roch man dieses Stinkzeug, und dann quoll aus allen Ecken und Ritzen nach und nach wieder jener penetrante Gestank. Vermieten konnte ich das Zimmer nicht mehr. Es war, ebenso wie zu Olgas Zeiten, nur noch als Rumpelkammer zu gebrauchen. Und so wurde meine Einsamkeit wieder vollkommen. Also wieder mal ohne Kind und Kegel oder für mich zutreffender: ohne Möwe und ohne Mädchen. Ich kümmerte mich um niemanden. Ich arbeitete und schlief. Nach der letzten Begegnung mit Olga schien etwas in mir zersprungen zu sein. Alle Illusionen und Hoffnungen, von denen und für die ich in all den erbärmlichen Monaten trotz allem gelebt hatte, waren geschwunden. Und so wie andere dem Alkohol verfallen oder drogensüchtig werden, betäubte ich mich mit Arbeit. Von morgens früh bis in die Nacht. So verging ein Jahr, bevor ich wieder etwas über sie hörte. Von einer unserer früheren Freundinnen, die sie ziemlich regelmäßig besuchte. Einen Monat nachdem ich ihr im Bijenkorf begegnet war, hatte sie die besucht und um die Adresse eines Arztes gebeten, der ihr helfen könnte. Sie war schwanger geworden, und das bedeutete auch sofort das Ende ihrer zweiten Ehe. Sie könne den Mann nicht mehr um sich herum aushalten, hatte sie gesagt. Abends schloß sie die Schlafzimmertür hinter sich ab, und er ging los und ertränkte seinen Ehekummer an der Theke. Jede Nacht kam er betrunken nach Hause, und dann fiel er wie ein Klotz auf dem Diwan im Wohnzimmer in Schlaf. Als er eines Nachts aggressiv wurde, das Mobiliar zu Kleinholz schlug, die Schlafzimmertür eintrat und sie, während er ihr seinen stinkigen Bieratem ins Gesicht blies, zu vergewaltigen versuchte, flüchtete sie wieder mal mit einem Köfferchen voller Kleider zu ihrer Mutter. Und weil der Arzt der Freundin schon mal wegen Abtreibung mit der Justiz in Berührung gekommen war, ließ sie von einer Engelmacherin das Kind mit Seifenlauge wegmachen. Zurück behielt sie ein Paar entzündete Eierstöcke, von denen der eine nach einiger Zeit rausgenommen werden mußte, weil er ihr aus der Pflaume stank. Jetzt war sie drauf und dran, einen amerikanischen Ingenieur zu heiraten, der für irgendeine Ölgesellschaft arbeitete. Weil die Freundin sagte, Olga wolle sofort nach der Hochzeit nach Amerika gehen, und ich sie vielleicht nie wiedersehen würde, schrieb ich ihr einen kurzen Brief. Ein paar Tage später rief sie mich aus Beverwijk an, wo sie mit ihrem künftigen Mann – und einigen anderen amerikanischen Ehepaaren, von denen die Männer bei der gleichen Ölgesellschaft arbeiteten – ein Haus gemietet hatte. Wir verabredeten uns für den nächsten Tag. Und schon Stunden vor der verabredeten Zeit lief ich wie ein Tiger zur Futterzeit in meinem Atelier auf und ab. Ich versuchte, alles mit ihren Augen zu sehen. Ob alles auf dem richtigen Platz stand und noch so aussah wie damals, als sie noch bei mir war. Dann war sie plötzlich da. Und genau wie ich kurz zuvor, ging sie nun überall rum und schaute sich um. Ich fragte mich, was wohl in ihr vorginge. Ob sie die Kakteen vermißte und all ihre Ebenbilder in Gips, für die sie so viele Stunden Modell gestanden hatte, während sie den Platten von Sonny Rollins oder Miles Davis lauschte. Bei der Statue von ihr und der Katze blieb sie sehr lange stehen. Dann fragte sie, wo die Katze sei. Die lag, ohne auf Olgas Stimme reagiert zu haben, auf einem Stuhl und schlief. Es war zu lange her. Olga ging nicht mal zu ihr, sah nur ein wenig scheu in ihre Richtung. Vielleicht war sie sogar froh, daß das Tier so ruhig weiterschlief. Es hätte auch seltsam ausgesehen, nicht mehr zu ihr gepaßt, wenn sie die Katze auf den Arm genommen hätte. Sie setzte sich, und ich stellte eine Flasche Kognak und Gläser auf den Tisch. Ich war erschrocken gewesen über sie, als sie reingekommen war. Sie war so mager geworden und sah so schlecht und unruhig aus. Ihr Haar trug sie wieder rot und so kurz wie Jean Seberg. Sie behauptete, das sei nötig, um die Blondfärbung rauszukriegen. Anfangs hätte sie ausgesehen wie ein gebleichter Pudel. Aber es ginge nun mal nicht anders. Das Blond war für den vorigen Mann gewesen, und am liebsten hätte sie es denn auch mit ihm aus ihrem Leben geschnitten. Sie schenkte sich selbst ein Glas ein und sagte, bei mir wäre es noch genau wie früher. Bis auf die Bilder. Die Kakteen vermißte sie nicht. Und auch nicht ihre Porträts. Vielleicht hatte sie das alles schon vergessen. Ich saß nur so da und sah sie mir an. Das machte sie nervös und unruhig, und sie fragte, ob ich fände, daß sie alt geworden sei. Älter, aber nicht alt, sagte ich und lächelte ihr lieb zu. Aber in Wirklichkeit hätte ich Tränen vergießen mögen um meinen Schatz von früher. Und dann erzählte sie, während sie Kognak trank, die Geschichte ihrer zweiten Ehe. All die Monate hätte sie irrsinnige Angst vor einer Schwangerschaft gehabt, denn er wollte sich doch partout nicht vorsehen. Grob und dumm sei er gewesen, und irgend etwas von Wert hätte es zwischen ihnen nicht gegeben. Es wäre ihr immer vorgekommen, als hätte sie in einem großen Kaninchenstall gewohnt. Nichts drin, nur Stroh und eigene Köttel. Sie wüßte schon gar nicht mehr, wie er aussah. Sie hätte ihn total vergessen. Als ich sie fragte, ob sie über mich auch so denke, meinte sie, sie hätte mich ja wohl nicht besucht, wenn das so wäre. Dann stand sie auf und ging zu dem Baumstamm, der noch immer mitten in meinem Atelier stand, und fragte, ob ich noch wüßte, daß er aus ihrem Garten käme. Ich antwortete, ihre Mutter hätte den Baum schon einen Monat nach dem Tod ihres Vaters fällen lassen, weil er das Haus so düster gemacht hätte. Ihr Vater hätte das nie getan. Sie wußte sogar noch, daß in der ersten Zeit, als der Stamm bei uns stand, aus seiner Rinde hier und da kleine Äste mit zarten grünen Blättern gesprossen waren. Als hätte er das letzte bißchen Leben, das noch in ihm war, herauspressen wollen. Aber weil er keine Nahrung und keine Feuchtigkeit aus dem Boden holen konnte, verdorrten Ästchen und Blättchen innerhalb weniger Wochen. Und sie wußte auch noch, daß einige Tage nachdem wir den Stamm bei uns aufgestellt hatten, ein enormer Strom roter Ameisen herausgekommen war, der quer durch das Atelier zu einer Fußbodenritze lief, in der er verschwand. Es hatte den ganzen Tag gedauert, bis die Ameisen alle weg gewesen waren, und ich hatte Olga verboten, sie mit Gift zu bestreuen. Ich hatte gesagt, die Tierchen hätten die Farbe ihres

Haares, darum dürfe sie sie nicht vergiften. Tatsächlich hatte ich aber das Gefühl gehabt, als zögen die Ameisen durch den Fußboden und das Erdreich zu ihrem Vater. Zu dem Garten, in den sie gehörten und in dem sie immer gelebt hatten. Sie setzte sich wieder zu mir; und als sie nach Fotos fragte, weil sie neugierig war, wie sie früher ausgesehen hatte, stellte ich die ganze volle Schachtel vor sie hin. Erst blieb sie reglos sitzen, das Glas in der Hand, und sah auf die Schachtel. Dann nahm sie, scheinbar widerwillig, eines nach dem anderen heraus und betrachtete es andächtig. Die Fotos vom Anfang, als sie noch das Schalkhafte an sich hatte. Mit dem rosa Hütchen und dem herrlichen vollen Mund und dem Pullover, der die Schultern beinahe nackt ließ, dem schwarzweiß gestreiften Pullover, den ich später verbrannte. Wie eine Zigeunerin, in geblümtem langem Nachthemd an das scheckige, grau-leinene Zelthäuschen hinter den Dünen gelehnt, mit diesem Schwung in den Hüften und im Gesicht noch den Schlaf. Und ich fragte mich, ob sie wohl daran dachte, daß sie dort hinter der schmutziggrauen Leinwand mit dem kleinen Brandentchen zwischen ihren schönen Titten geschlafen hatte und wie glücklich wir in dem weiß gekalkten Holzbett gewesen sind. In Arbeitskleidung und mit einem Tuch um den Kopf, und von oben bis unten mit weißen Spritzern übersät, weil sie mir beim Gipsgießen geholfen hatte. Tanzend in der See, mit ihren Kurven und Rundungen, und durch das aufspritzende Wasser ist ein Fischerboot zu sehen. Und immer wieder mit der Mieze auf dem Arm: mit dem kleinen Pussilein, mit dem Kätzchen, mit der ausgewachsenen Katze. Auf dem Balkon beim Schälen der Einlegezwiebeln. Und später stolz vor dem Regal mit den vollen gläsernen Töpfen, im Essig die roten Pfefferkörner und Lorbeerblätter deutlich zwischen den helleren Zwiebelknollen erkennbar. Ich betrachtete sie eingehend, während sie von Bild zu Bild durch die Etappen unseres Lebens sprang. Ich sah es ihrem Gesicht an, daß sie Gefühlsaufwallungen unterdrücken wollte. Ab und zu sagte sie zu sich selbst: »Da hatte ich das violette Kleid an.« »Das war vor dem Schwarzdornstrauch. An der Ecke. Da haben wir im Dunkeln mit 'ner Taschenlampe gepflückt. Das wußte ich auch nicht mehr.« Als sie ihre Nacktfotos sah, schien sie sich richtig zu schämen. Und dabei wußte sie noch nicht mal, wie oft die für mich Wichsvorlage gewesen waren und ich wie ein Wahnsinniger versucht hatte, ihr rosa Fleisch herauszuholen aus dem grauen

Bild. Ich sagte ihr, daß das eine, auf dem sie vor dem Spiegel steht, aufgenommen wurde, nachdem sie sich vor mir stehend selbst gefingert hatte. Das wäre noch an ihren vorgewölbten Lippen zu sehen. Sie tat, als hörte sie nichts, und ging weiter die Bilder durch. Aber plötzlich sagte sie, wegen ihrer Figur hätte sie einen Minderwertigkeitskomplex bekommen. Ihre Brüste wären nicht mehr so wie früher, als alle sagten: Olga hat die schönsten. Und am Strand schmiere sie sich Tünche auf die Schenkel, um die Krampfadern zu verdecken. Sie würde sich auch nie mehr bei Tageslicht entkleiden und immer lange Ärmel tragen, weil sie die Sommersprossen auf ihren Oberarmen nicht mehr schön finde. Als ich sagte, ich würde die noch immer einzeln küssen wollen, meinte sie, ich sähe sie eben noch stets so, wie sie damals gewesen wäre. Ich würde sie idealisieren, aber sie wäre schon lange keine ideale Frau mehr. Doch der Mann, den sie nun heiraten würde, würde sie so lieben, wie sie heute wäre. Es mache ihm überhaupt nichts aus, wenn sie besoffen wäre, sich dann natürlich besonders clever vorkäme und beim Bridgespielen verkehrt reizte oder wenn sie zum Beispiel ihre Haare ganz anders tragen würde. Als ich sie fragte, was für ein Mann das sei, sagte sie, daß ich sein Gesicht bestimmt furchtbar interessant finden würde. Er sei furchtbar häßlich. Häßlich nicht so sehr wegen der Gesichtszüge als vielmehr wegen der Pockennarben. Ein indianisches Gesicht. Er ähnele Humphrey Bogart, sagte sie. Und, um einen Ausdruck von Hedwig Courts-Mahler zu gebrauchen, er trüge sie auf Händen. Als ich einwarf, ich hätte das auch getan, meinte sie, das wüßte sie wohl, ließ aber gleich darauf eine ganze Flut von Vorwürfen los. Sie hätte sich eingeschlossen gefühlt und wäre in all den Jahren nicht einmal alleine in der Stadt gewesen. Und viel zu oft wäre ich mit ihr ins Bett gegangen. Das hätte schon morgens angefangen, wenn sie in der Küche den Kaffee aufgegossen hätte. Dann hätte sie gedacht: Jetzt geht's wieder los! Sie hätte mitgezählt, manchmal siebenmal an einem Tag. Das wäre doch nicht normal. Ich hätte ganz einfach die Satyriasis. Als sie fragte, ob ich sie immer noch hätte, sagte ich, daß sie daran nicht zweifeln würde, wenn sie bei mir geblieben wäre. Und als ich sie dann fragte, ob sie nicht lachen könne über all die Sachen von früher, sagte sie: »Nein, das Lachen ist mir vergangen. Als ich am Anfang stand, da dachte ich, das Leben ist ein Märchen. Ich werde heiraten, ich werde glücklich sein. Aber ich bin doch ein ganzes Häppchen weniger glücklich, als ich werden wollte.« Schweigend sah sie eine Weile auf das Foto, das sie in der Hand hielt, das mit dem Brandentchen, wie sie es an ihre Wange schmiegt. Darauf sieht sie sehr lieb und glücklich aus. Wie eine Rose aus den Dünentälern. Ich sah, daß sie schluckte, und sagte, sie solle alle Fotos, die sie haben wolle, aussortieren. Dann würde ich Abzüge machen lassen. Aber sie schüttelte den Kopf und legte das Foto verkehrtrum zurück in die Schachtel. Und die schob sie dann von sich weg zur Tischmitte, stand auf und sagte, sie käme ein andermal und würde Fotos aussuchen, jetzt müsse sie weg, sie müsse für heute abend zum Kartenspielen noch eine Flasche Kognak einkaufen. Und es sei doch schon beinahe sechs Uhr. Sie versprach, vor ihrer Abreise nach Amerika noch mal vorbeizukommen. In der Tür griff ich sie mir plötzlich und küßte sie auf beide Wangen. Denn ich glaubte, ich würde sie nie wiedersehen. Es fehlte nicht viel, und die Tränen wären mir übers Gesicht gelaufen. Aber sie kam doch. Eine Woche später. Mit ihrem Mann, den sie zwei Tage zuvor geheiratet hatte. Er ähnelte tatsächlich Humphrey Bogart, und ich sah, daß es stimmte, was sie über ihn erzählt hatte. Er trug sie auf Händen. Er hatte den gleichen Blick für sie, wie ich ihn in den Jahren hatte. Sie war endlich wieder jemandes Schatz, und ich war beinahe selbst glücklich darüber. Aber er hatte auch Angst, sie zu verlieren. So wie ich seinerzeit. Denn als sie von der niedrigen Bank, wo sie neben ihm saß, aufstand, um zur Toilette zu gehen, schlang er plötzlich die Arme um ihre Beine. Das war sicher nur eine instinktive Reaktion, über die er denn auch ein wenig verlegen lachte. Als sie zurückkam, fragte ich sie, ob sie glücklich sei, nachdem sie nun zum dritten Male geheiratet hätte. Sie sagte, daß sie ganz verrückt nach ihm sei, aber irgendwie anders, als sie sich das vorgestellt hätte. Es gäbe noch so viele Fragen, auf die sie keine Antwort wüßte. Nur wenn alles gegen den Strich liefe, dann wüßte sie auf alles eine Antwort. Aber er wäre ein herzallerliebster Mann. In ihren Augen war zärtliche Zuneigung, als sie zu ihm hinüberblickte, wie er da vor dem Bücherregal stand und andächtig die Negerplastiken betrachtete, und sie sagte: »Mein Vater sagte immer, daß die Amerikaner ein unzivilisiertes Volk sind. Aber über die Geschichte Amerikas wissen sie alles, jawohl, alles.« Er fühlte, daß ihr Blick auf ihm ruhte und wir über ihn sprachen. Er drehte sich um und lächelte ihr zu. Dann deutete er auf die Negerplastiken und sagte: »Nice dolls.« Ich sah, daß Olga sich ein bißchen schämte, denn das war nun nicht gerade die richtige Bezeichnung für die Dinger. Aber als ich mich mit ihm darüber unterhielt und sie auch dolls nannte, warf sie mir einen lieben Blick zu. Sie sagte, es sei so schwierig mit der Sprache. Obwohl sie doch recht gut englisch spräche, gäbe sie oft auf, wenn sie etwas Kompliziertes erklären oder über sich selbst erzählen wolle. Das wäre ihr dann zu anstrengend. Vor einiger Zeit, als jemand beim Kartenspielen einen groben Fehler gemacht hatte, hatte sie gesagt: »That you will get on your sandwich.« Da waren alle in Gelächter ausgebrochen. Und sie wisse immer noch nicht, ob nun über die Situation gelacht worden war oder weil es den Ausdruck im Englischen womöglich nicht gab. Ihr Mann mußte wieder darüber lachen, und als er sich zu ihr setzte, legte er den Arm um sie. Sie sagte, sie fände das prima, niemals irgendwo ständig wohnen zu müssen. Stets von einem Ort zum anderen zu ziehen. Immer eine möblierte Mietwohnung zu haben. Nicht mehr mit sich rumzuschleppen als ein paar Koffer mit Kleidern. Immer zu leben mit den Möbeln, die irgend jemand oder jedem gehören. Und aufgeregt erzählte sie, er würde ihr, bevor sie zum Persischen Golf gingen, ganz

Amerika zeigen. Von Nebraska bis Texas. Und im Frühjahr würden sie auf Hochzeitsreise nach Mexiko gehen. Eine verschobene Hochzeitsreise. Als ich wieder die Schachtel mit den Fotos hervorholte, stand sie schnell auf und schubste mich damit einfach zurück. Er wollte die Bilder gern sehen, aber sie erlaubte es nicht. Sie sagte, sie hätten dafür keine Zeit mehr, sie müßten augenblicklich gehen, denn in den letzten Tagen vor der Abreise sei noch so entsetzlich viel zu tun. Und sie versprach, daß sie mich, falls es sich nur irgendwie einrichten ließe, noch mal besuchen würden. Aber ich wußte ganz bestimmt, daß sie wegen der Fotos nicht kommen würde. Damit er nicht zu sehen bekam, wie sie früher ausgesehen hatte. Er hatte sie zu lieben, so wie sie jetzt war. Und ich hatte recht gehabt, denn ein paar Monate lang hörte ich nichts von ihr. Dann erhielt ich eine Ansichtskarte aus Amerika, das Farbfoto eines Hauses mit den bekannten gußeisernen Balkongittern von New Orleans. Genauso unleserlich wie früher ihre Liebesbriefe hatte sie hintendrauf geschrieben: *This is a very big country. Amerika ist ein gewaltig großes Land. In Florida erlebten wir mitten in einer Art Urwald einen Platzregen. Überall lagen Zweige auf der Straße, die waren abgebrochen, weil das Moos, das darauf gewachsen war, vom vielen Regen so schwer geworden war.* (Als ich das las, mußte ich daran denken, daß damals, als ich sie zum erstenmal sah und sie mich mitnahm, die Straße voller Zweige lag, die vom Eis zu schwer geworden und abgebrochen waren.) *Manchmal mußten wir anhalten und sie von der Straße schleppen. Und eine Schildkröte überquerte die Straße. Die lief einfach wild herum! Best regards! Olga.* Im gleichen Frühjahr bekam ich noch das Farbfoto einer Herbstlandschaft, die ungefähr so wirkte wie ein Gemälde von Caspar David Friedrich. AUTUMN IN THE FEATHER RIVER COUNTRY OF CALIFORNIA. Keine Erzählchen drauf, nur Grüße. Aber aus Mexiko schickte sie mir ein Briefchen. Vierzehn Tage nach Ostern. Sie schrieb, sie hätte zwischen den haushohen Kakteen und den Mauleseln urplötzlich an mich denken müssen. Sie hätte eine Hummel und einen Schmetterling zusammen auf irgendeiner Distelpflanze sitzen sehen und dann plötzlich das Album der Verkade-Schokoladenfabrik DIE BLUME UND IHRE FREUNDE vor Augen gehabt, das ich besäße. Sie schrieb auch, die Menschen dort hätten einen abscheulichen Brauch. Ostersamstag würden sie überall Judaspuppen verbrennen, die sie schon Tage vorher anfertigten. Sie wären durch ein Dorf gekommen, wo lebensgroße Puppen gebrannt hatten, und ihr Mann hätte gesagt, daß das wie beim KU KLUX KLAN sei. Sie schrieb auch, in der Hitze sehne sie sich manchmal nach Alkmaar. Nach den grünen Weiden und den Gräben. Danach kam dann von Zeit zu Zeit mal eine Ansichtskarte ins Haus. Aus Manzanilla. (Ein farbenfroher Fischmarkt mit riesigen Wasserschildkröten.) Vera Cruz, Yucatan. (Ein Tempel, irgendeinem Menschenfresser geweiht, hatte sie darauf geschrieben.) Und jedes Mal, wenn ich so eine Karte in meinem Briefkasten fand, konnte ich den Rest des Tages vor Melancholie und einem Gefühl der Sinnlosigkeit nicht mehr arbeiten. Vielleicht wäre es besser gewesen, wenn sie mich damals nicht besucht und ich nie wieder etwas von ihr gesehen hätte. Denn mittlerweile sah es doch verdammt nach dem drittklassigen Spruch aus, den die amerikanischen Transusen im vorderen Zimmer an die Wand gepinnt hatten: THERE'S NOTHING SADDER THAN ASSOCIATIONS HELD TOGETHER BY NOTHING BUT THE GLUE OF POSTAGE STAMPS. Es schien, als hätte mein ferner Schatz das gleiche Gefühl, denn plötzlich hörte ich ein halbes Jahr nichts mehr. Bis Weihnachten in jenem Jahr. Da bekam ich wieder eine Karte. Aber von der beinahe entgegengesetzten Seite des

Erdballs. Mit einer Landkarte des Persischen Golfes darauf. Auf einem Band über sehr blauem Meer stand: GREETINGS FROM TRUCIAL STATES. Links unten war ein Araber auf einem Kamel abgebildet, rechts eine palmenreiche Oase. Dazwischen, entlang der Küste, die roten Punkte, wo das Land von Bohrtürmen wie von Mücken ausgesogen wurde. Auf der Rückseite, mit einem Pfeil auf die violette Briefmarke, auf der in grünem Oval irgendein Scheich abgebildet war, hatte sie geschrieben: *Hier hast du den echten »Scheich von Arabien«, von dem Du, als ich Dich gerade erst kennengelernt hatte, die Nummern von Benny Goodman spieltest.* Außerdem schrieb sie, sie hätte anfangs Angst vor den verschleierten Frauen gehabt. Morgens und abends liefen Kamele wie die Ratten ums Haus, und sie wären in einem Gebiet gewesen, das die Heuschrecken gerade erst verlassen hatten. Das wäre ganz und gar kahl und trostlos und alles wäre klebrig und röche bitter. Und die Männer hätten sie so herausfordernd angesehen, daß ihr Mann eifersüchtig geworden wäre. Sie schloß ihr Gekritzel damit, daß sie bald, wenn sie sich an all dem Neuen ein wenig sattgesehen hätte, einen Brief schreiben würde. Und den bekam ich auch. Anfang des neuen Jahres. Drei Seiten lang: *Der Winter hier, das sind Sandstürme und erkältete Menschen. Gestern haben wir ungefähr zehn Regentropfen gehabt. Wir wohnen im Zentrum der Stadt gegenüber einer Moschee in einem neuen Apartmenthaus zwischen lauter arabischen Hütten. Es ist im Augenblick Ramadan, Fasten für die Moslems. Von Sonnenaufgang bis Sonnenuntergang wird nichts gegessen oder getrunken und Rauchen ist auch verboten. Sogar für uns ist es verboten auf der Straße oder im Auto zu essen oder zu rauchen. Wenn das rauskommt gibt es Gefängnisstrafe. Um halb sechs, wenn die Sonne untergeht werden zwei Kanonen abgefeuert, als Aperitif, und jedermann zaubert dann Essen hervor, und der Gesang, für mich Gejammere fängt in der Moschee an. Die Bittgesänge dauern Stunden und hören sich sehr unmusikalisch an. Im Anfang war es schwierig für mich, das zu unterscheiden von den brünstigen Katzen, die hier um das Haus strolchen. Nachts um drei Uhr sitze ich starr vor Angst im Bett. Dann werden alle darauf aufmerksam gemacht, daß sie sich jetzt noch mal richtig vollstopfen können. Das geschieht durch zwei Trommeln, auf die so geschlagen wird, daß es sogar Hitler kalt den Buckel runtergelaufen wäre. Sie gehen durch alle Straßen und jeden Moment erwartet man seinen Mörder. Dieses Fasten dauert drei Wochen.* Sie schrieb auch noch, sie würden Turteltauben jagen. Genau solche, wie wir mal welche gehabt hätten. Anfangs wäre sie deswegen wütend gewesen. Aber später habe sie sie mit viel Knoblauch und Zitrone gegessen. Sie schien mich damit ärgern zu wollen, denn sie schrieb, sie hätte auch Schafshirn gegessen und, wenn auch ohne es zu wissen, sogar Schafsaugen. Es hätte sie Mühe gekostet zuzugeben, daß sie den Geschmack prima fände. Damit schloß sie denn auch den Brief. Sie hatte das Leckerste für zuletzt aufbewahrt. Für zuallerletzt. Denn ich erhielt keine Briefe mehr von ihr und auch keine Karten mit GREETINGS FROM TRUCIAL STATES.

Fuck me I'm desperate

Acht Monate nach den Schafshirnen und Schafsaugen kam sie plötzlich bei mir an. Sie stand im Treppenhaus und klopfte an meine Tür. Als ich öffnete, dachte ich, sie würde mir in die Arme fallen, so wackelig stand sie auf den Beinen. Eine Sonnenbrille hatte sie hoch in die Haare geschoben, so daß sie wie ein Laubfrosch aussah. Sie war leichenblaß und hatte eine große frische Narbe auf der linken Wange. Als ich sie hereinführen wollte und dabei zu deutlich merken ließ, daß ich in ihr eine halbe Invalidin erblickte, schob sie mich entrüstet von sich weg und meinte, ihr fehle gar nichts. Sie können sich nur nicht an das verdammte Klima hier gewöhnen. Ich dachte erst, sie wäre auf Urlaub in Holland, aber als sie sich erst mal gesetzt hatte und Kaffee trank, erzählte sie, ihre Mutter hätte sie mit dem Flugzeug zurückgeholt. Sie hatte ein Telegramm geschickt, und die Glucke war sofort gekommen, das Küken heim ins Nest zu holen. Ich betrachtete die Narbe, das rote Fleisch mit den braunen Fleckchen. Aber ich fragte nicht danach. Sie würde schon von selbst erzählen. Und das tat sie auch. Bereits während der Reise durch Amerika hatte es Schwierigkeiten gegeben. Der andere Eierstock war auch dauernd entzündet, und die ganze Ordnung da innendrin war durcheinandergeraten. Alle vierzehn Tage hatte sie fünf Tage lang ihre Periode gehabt. Und wenn er mit ihr ins Bett gegangen war, hatte es furchtbar weh getan. Zu Beginn war er sehr verständnisvoll und lieb zu ihr gewesen. Aber als sie dann am Persischen Golf in ihrem Apartment gesessen hatten, zwischen den Hütten der Araber, hatte sich das schnell geändert. Sie sagte, von der Langeweile und dem Klima dort kriegt jeder so eine Art Tropenkoller. Wenn er von einer Inspektionsreise der Bohrtürme zurückkam, und bei ihr spielte sich mal wieder nichts ab, ging er in den amerikanischen Klub und betrank sich. Dann soff er in einer Stunde eine ganze Flasche Bourbon. Und wenn er dann stinkbesoffen nach Hause kam, trampelte er mit seinen beweglichen Plattfüßen manchmal stundenlang gegen das Fußende des Bettes. Das machte sie halb wahnsinnig. Wie auf die Dauer fast alles. Die Hitze, die abscheulichen Gebräuche der Menschen, unter denen sie wie Gefangene lebten. Von denen sie absolut nichts begriffen. Sie hatte eine ältere Freundin gehabt, die Frau von einem Kollegen ihres Mannes. Die war anfangs ganz normal. Sie las wohl manchmal theosophische Bücher, sprach aber nie darüber. Aber plötzlich schob sie, wenn die Männer unterwegs waren, den Frauen im Apartmenthaus Brief unter der Tür durch, auf die sie geschrieben hatte: *Bezwinge Deine Begierden! Strebe zur bewußten Einheit mit dem All! Die Leidenschaft stört die Harmonie im Weltall! Liebe ist die vereinigende Kraft des Großen Weltganzen Magneten!* Und anderen ähnlichen Unsinn. Es endete damit, daß sie eines nachts an die Wände des Treppenhauses, der Gänge und sogar des Fahrstuhlschachts mit dem Lippenstift in knallroten, einen halben Meter hohen Buchstaben schrieb: FUCK ME I'M DESPERATE. Danach lief sie in die Stadt, nur ein Höschen und einen BH am Leibe. Am nächsten Morgen fanden sie sie schlafend in der Gosse eines Armenviertels. Kaputtgevögelt. Ihre Schenkel an der Innenseite gehäutet. Ganze Völkerstämme schienen drübergerutscht zu sein. Und anstatt dafür zu sorgen, daß sie sofort in ein Krankenhaus gebracht wurde, schrubbten und kalkten sie gemeinsam Wände, damit die brennenden roten Buchstaben des Lippenstiftes verschwunden waren, bevor die Männer heimkamen. Dann erzählte sie wieder von ihrem Humphrey Bogart. Er war immer eifersüchtiger geworden, denn mit Bumsen war fast gar nichts mehr gewesen, aber die gutaussehenden dunklen Araber glotzten ihr förmlich die Brustwarzen steif und hoch. Und sie blinzelte zurück, denn was hatte sie sonst noch? Sie mußte sich mit Blicken und Flirten abreagieren. Was anderes gab es da nicht, außer ein wenig Essen, ein wenig Trinken. Und das Leben ist so schnell vorbei. Darum ging sie manchmal, wenn ihr Mann wieder für ein paar Wochen auf Inspektionsreise war, mit einem arabischen Freund aus. Nur ein wenig mit seinem Wagen rumkutschieren und ein bißchen schmusen. Wirklich untreu wäre sie nie gewesen, sagte sie. Es wäre ja nicht mal gegangen, selbst wenn sie gewollt hätte. Eines Tages saß sie dann mit dem Freund in einer Gaststäte, aber irgend jemand mußte sie wohl verpfiffen haben, denn plötzlich kam ihr Mann herein, obwohl der hundert Kilometer weit weg sein mußte. Ganz ruhig und beherrscht kam er an ihren Tisch, aber dann zerrte er sie plötzlich von ihrem Platz und schlug sie mitten ins Gesicht. Das war zuviel für ihren Freund. Drohend stand er auf, und wild mit den Armen rudernd fing er an zu kämpfen. Sich immer wieder geschmeidig bückend und tief über den Fußboden gleitend und springend ging er auf ihren Mann los. Aber das war alles nur Schau. Das eitle Geflatter eines Kampfhahnes. Ihr Mann hatte den Araber mit drei Schlägen auf dem Fußboden. Und als der sich dann wieder aufrappelte, schlug er ihn mit einem Aufwärtshaken endgültig k.o., so daß er in seinen eleganten Klamotten wie ein nasser Sack dalag. Ganz plötzlich hatte ihr Mann einen Revolver in der Hand. Hinterher wußte sie nicht, ob er auf sie hatte schießen wollen oder sie nur zwingen, mit ihm zu gehen. Jedenfalls wurde auf einmal von allen Seiten an ihm herumgezerrt. Dann fiel der Schuß. Sie hatte nichts gespürt. Nur ein warmes, brennendes Gefühl. Jetzt wäre da alles gefühlslos, sagte sie und rieb über die Narbe. Sie könne eine brennende Zigarette dranhalten. Ihr Mann hätte wohl brain damage oder etwas ähnliches, meinte sie. Dauernd in der brennenden Sonne und dazu auch noch der Suff. Als wenn das nicht genug gewesen wäre, hatte er auch noch ein Chamäleon gekauft.

Von einem Händler, der es von Madagaskar mitgebracht hatte. Sie fand es abscheulich, und dann stand der Glaskasten mit dem Vieh auch noch ausgerechnet in ihrem Zimmer, so daß sie den ganzen Tag mit ihm allein war. Und das Gedrehe der Augen. Grad so, als würde sie ununterbrochen durchs Schlüsselloch belauert. Es mußte mit Kakerlaken gefüttert werden. Wenn ihr Mann mit seinen Freunden Karten spielte oder soff, und er sah eine über die Wand laufen, war er zu faul, sie selbst zu fangen. Dann mußte sie ein Stückchen Klebeband abschneiden und das Insekt festkleben. Denn für kein Geld der Welt hätte sie die Biester anfassen können. Er zeigte nur hin und rief: »COCKROACH! COCKROACH!« Wenn sie dann abends im Bett lagen und sie konnte vor Hitze nicht einschlafen, glaubte sie die Füßchen der gefangenen Biester am Kalk der Wände kratzen zu hören. Am nächsten Morgen nahm sie sie ab und warf sie dem Chamäleon zu. Daß das Tier die Kakerlaken auffraß, machte ihr nicht so viel aus. Aber das Geräusch, das es dabei machte . . . Furchtbar! Als ich sie fragte, was denn nun aus ihrem Mann geworden sei, sagte sie, daß er wohl in einem Gefängnis oder einer Nervenklinik säße. Als letztes hatte er ihr zugerufen, als er nach der Tatortuntersuchung von der Polizei abgeführt wurde, daß er sie überall zu finden wissen werde. Er hatte sie starr angesehen und verbissen gesagt: »Olga, you'd better look over your shoulder.« Sie hatte schreckliche Angst gehabt und sofort ein Telegramm an ihre Muttter geschickt, die sie holen kommen sollte. Und nun säße sie wieder in Alkmaar. Mitten in den nassen sumpfigen Weiden. Aber sie hätte furchtbare Kopfschmerzen von dem Nebel, so wie sie dort in der ersten Zeit Kopfschmerzen von der alles versengenden Sonne bekommen hatte. Ich meinte, daß sie nun wenigstens wieder frei wäre. Sofort fuhr sie mich an: »Aber ich will überhaupt nicht frei sein. Ich fühl' mich totunglücklich.« Dann stützte sie ihren Kopf in die Hände und schob die Haare unordentlich und lässig hoch. So blieb sie sitzen. Ich sah auf die perlmuttfarben gelackten Nägel an den ältlichen weißen Händen in dem roten Haar, das auch schon fahl und stumpf war. Ich mußte mich beherrschen, um mich nicht neben sie zu setzen und meine Arme um sie zu schlingen und dann gemeinsam mit ihr endlich unseren ganzen Jammer herauszuheulen. Plötzlich, als ob sie zu sich selbst spräche, sagte sie mit matter Stimme: »Ach, ich hab' mich damals überstürzt auf irgend etwas eingelassen. Ich dachte, mit dem

Mann bekomm' ich die halbe Welt zu sehen. Aber jetzt hab' ich schon wieder alles vergessen. Außer den unangenehmen Dingen. Die Hitze und die verdammten Insekten. Und meinen Körper, der nie mitspielen wollte. Ja, den muß man überall mit hinschleppen. Und ob du's glaubst oder nicht, ich bin überhaupt nicht zufrieden mit dem Leben, das ich bisher kennengelernt habe. Ganz und gar nicht. Manchmal denke ich, daß ich zu einem Psychiater gehen müßte. Ich weiß einfach nicht mehr weiter. Wenn man alle möglichen Gefühle in sich unterdrückt, weiß man zum Schluß überhaupt nicht mehr, woran man ist. Alles hatte ich verdrängt. Auch das von uns. Bis du mir die Bilder gezeigt hast, kurz bevor ich wegging. Da kam alles wieder hoch.« Sie stand auf und lief ein bißchen rum. Auf einmal blieb sie stehen und zeigte auf den Fußboden und sagte, daß sie in der schlimmsten Hitze dort plötzlich diese Stelle deutlich vor sich gesehen hätte. Wie wir hier gesessen hatten und den beiden Platten von Benny Goodman lauschten, als sie das erste Mal bei mir war. Daß ich beim Schmusen zu ihr gesagt hatte: »Und nun möchte ich aber auch mal meinen köstlichen Samen loswerden.« Sterbensangst hätte sie gehabt. Unvermittelt begann sie rauh zu lachen, streckte sich, drückte die Hände gegen den Magen und fragte, ob ich nicht fände, daß ihre Brüste wieder größer würden. Sie sagte, daß sie eine Brustsalbe draufschmiere. Ganze Töpfe voll hätte sie davon mitgenommen. Aus Abu Dhabi. Bis zu ihrem sechzigsten Lebensjahr hätte sie genug Vorrat, erzählte sie lachend. Wenn man sich die Salbe draufschmiere, bekäme man ein warmes und prickelndes Gefühl, wie unter einer elektrischen Decke. Dann werde die Haut rot. Und wenn das weggezogen sei, könne man tatsächlich sehen, daß die Brüste geschwollen seien. Ihr Mann hatte sie deswegen ausgelacht. Er hatte gesagt, das helfe alles nichts und ihn interessiere auch nicht, ob das Zeug wirksam sei. Seiner Meinung nach war das ganz gewöhnliche Hormon-Creme aus Amerika, die die Araber in ihre eigenen Töpfe mit geheimnisvollen Etiketten füllten. Ich wußte nicht recht, was sie überhaupt wollte. Sollte ich sie bitten, die Brüste sehen zu dürfen, und dann sagen, daß sie wieder genau wie früher waren? Oder faselte sie nur einfach drauf los wie eine Henne ohne Kopf? Ohne Hintergedanken? Wie denn auch, eine Versöhnung, basierend auf Brustsalbe, kam für uns wohl nicht in Frage. Aber sie war schon wieder irgendwo anders. In Amerika, wo sie trotz allem eine feine

Zeit gehabt hätte. Manchmal hätte sie an einem Tag fünf Hummer gegessen; und einmal, am Rande einer Straße durch die unendliche Prärie, hätten sie eine Gruppe Cowboys eine Kuh schlachten sehen. Sie hatten angehalten, waren aus dem Wagen gestiegen und hatten den ganzen Abend zugeschaut, wie das Tier in Stücke gehackt und an Ort und Stelle geröstet wurde. Es war wie in einem Film gewesen. River of no Return mit Marilyn Monroe, den sie in ferner Vergangenheit mit mir gesehen hatte. Am nächsten Morgen konnte sie noch immer die Hitze des Feuers auf ihren Wangen fühlen, so dicht hatte sie dran gesessen. Es wäre ein verrücktes Land. In einer Ortschaft ließen die Mädchen, die einen bedienten, die Brustwarzen beinahe bis auf den Teller raushängen, und nur wenige Kilometer weiter überpinselten sie sogar die Chromteile an ihren Autos mattschwarz, und man mußte die Nikotinflecken an den Fingern verbergen, sonst war man nicht willkommen. Eines Abends hatte ihr Mann hundertachtzig Sachen draufgehabt, weil sie so todmüde waren und zum nächsten Motel noch zweihundert Kilometer vor sich hatten. Plötzlich ein blaues Blinklicht neben ihnen. Gebrülle: »Haben Sie unseren Radarposten nicht gesehen?« So ein Hüne von einem Polizisten in schwarzem Leder. Aber als sie ihm ein Paar echte holländische Miniatur-Klompen geschenkt hatte, war er weich geworden wie ein Kind. Seine Vorfahren waren Holländer gewesen. Über eine Geldbuße wurde nicht mehr gesprochen. Plötzlich fing sie von einer Kuriositätenschau an, die sie mit mir gesehen hatte, als sie mich zum zweiten Mal traf, auf der Kirmes auf dem Nieuwmarkt in Amsterdam. Eine Frau aus Wachs, die mit einem Gewicht um die Taille an einen Marterpfahl gebunden war, sah sie noch deutlich vor sich. Rote Streifen waren ihr an den Unterschenkeln langgelaufen, und Blut aus ihrem Mund. Und genauso hätte sie sich gefühlt, als ihr Mann, der zweite, einmal zu ihr sagte: »Du bist so stolz wie Jeanne d'Arc, aber nicht so stark.« Dann hatte er sie mit Gewalt genommen. Sie hatte das widerlich gefunden. Und sie hatte es auch abscheulich gefunden, als ich am Strand von Ameland einmal alle Quallen mit einer Schippe kaputtgeschlagen hatte. Obwohl sie genau gewußt hatte, daß sie tot waren. Aber wie sie dagelegen hätten und im Wind gebebt, hätte es grad so ausgesehen, als lebten sie noch. Dann hatte sie auch genug davon, Episoden aus der Vergangenheit ins Gedächtnis zu rufen. Übrigens war sie nach Amsterdam gekommen, weil sie zum Frauenarzt zur Untersuchung mußte. Weil sie sich so elend fühlte, im Bauch und auch mit den berstenden Kopfschmerzen. Bevor sie wegging, sagte sie, sie sei das genaue Gegenteil der Frau vom Persischen Golf, die FUCK ME I'M DESPERATE an die Wände geschrieben hatte. Sie sei auch verzweifelt, aber sie würde am liebsten jedem ins Gesicht schreien: »Laß mich um Himmels willen in Ruhe!«

Rosa Turbinata

Als nicht lange danach ihre Mutter anrief, durchzuckte es mich sofort, daß etwas mit Olga sein müsse. Ihre Stimme klang gewollt teilnehmend, wohl weil sie mich merken lassen wollte, daß sie eine tapfere starke Frau war, die sich zu beherrschen wußte. Sie sagte, Olga hätte in letzter Zeit immer stärkere Kopfschmerzen gehabt. Einmal hätte sie sie nachts bewußtlos auf der Toilette gefunden. Da hatte sie schon einige Stunden gelegen. Weil der Hausarzt die Ursache nicht finden konnte, mußte im Krankenhaus in Amsterdam ihr Kopf geröntgt werden. Noch bevor sie das Ergebnis zugeschickt bekam, wurde sie telefonisch benachrichtigt. Eine sofortige Gehirnoperation war erforderlich. Sie hatten ein Loch in eine Seite ihres Kopfes gesägt und einen Tumor, so groß wie ein Stück Seife, rausgeholt. Aber die Wurzeln hatten sie drin lassen müssen, weil die im Gehirn verwachsen waren. Sonst wäre sie gelähmt gewesen. Sie wurde nun jeden Tag bestrahlt, und im Krankenhaus machten sie ihr Hoffnungen. Olga hätte schon mehrmals nach mir gefragt, und nun riefe sie mich an, um mich zu bitten, sie doch hin und wieder mal zu besuchen. Sie wäre die einzige, die zu ihr käme, aber jeden Tag könnte sie doch auch nicht nach Amsterdam fahren. Während sie mir das alles erzählte, schien mich Schwindelgefühl zu befallen. Als ob ich unfähig wäre, den Ernst der Situation zu erfassen. Denn ich sah Olga in gläsernem Licht schweben, mit Haaren, die so lang waren wie die der Venus von Botticelli. So schön wie früher. Als wäre sie in alter Glorie auferstanden. Erst als ich den Hörer aufgelegt hatte – nachdem ich die Besuchsstunden, in denen ich hingehen würde, unmißverständlich mit ihr verabredet hatte, denn dem Ekel wollte ich dort auf keinen Fall begegnen, das sagte ich ihr auch –, spürte ich meine Augen eng und seltsam in den Höhlen sitzen. Alles, was sie in den letzten Jahren ausgefressen hatte, vom Tage ihrer plötzlichen Flucht von mir bis zu den Kakerlaken am Persischen Golf, war verursacht worden von der farblosen Knolle in ihrem Kopf, die mit ihren wuchernden Wurzeln ihr Gehirn angefressen hatte. Auf einmal sah ich wieder das sonderbare Stieren in ihren Augen, kurz bevor sie für immer weggegangen war. Rückblickend kam es mir vor, als hätte sie damals gelauscht, was da drinnen in ihr vor sich ging. Und war dann in Panik vor etwas geflohen, was sie selbst nicht begriff, was sie jedoch mit sich nahm. Überall hin. Unentrinnbar wie ein Schatten. Nach dem Telefongespräch rief ich sofort einen Freund an, der Internist war. »Das rote Frauchen von früher? Wie schade.« Er sagte, daß nichts dagegen zu machen sei. Das könne er mir nun ja wohl sagen, da ich ja doch nichts mehr mit ihr zu tun hätte. Mit Bestrahlungen würde zwar versucht, das Weiterwuchern des Tumors zu verhindern, aber das bedeute nur einen Aufschub der Exekution. Die Wurzeln wären ja drin geblieben. Bei dem einen dauere es fünf Jahre, bei dem anderen sei es nach ein paar Monaten schon wieder soweit. Ich hörte von ihm nicht mehr, als ich ohnehin schon wußte. Daß es mit ihr zu Ende ging. Daß sie rettungslos verloren war. Und während ich einen Nervenkoller bekam und die Tränen mir über das Gesicht rannen, wiederholte ich für mich selbst: »Du wirst sterben, Olga. Du wirst sterben.« Am Nachmittag des nächsten Tages besuchte ich sie. Sie lag in einem kleinen Zimmer. Als ich reinkam, fiel mir als erstes ein großes Fenster auf, hinter dem viele Bäume wie in einem Park zu sehen waren. Die Struktur des Gazerollos und das Licht, das sich darin golden verfing, gaben dem Ganzen das Aussehen eines Gobelins. Sie lag im bläulichen Schatten des Zimmers, und draußen schien die Sonne. Ich legte die Rosen an das Fußende ihres Bettes und ging zu ihr. Sie streckte eine Hand aus. Die fühlte sich kraftlos und schwammig an, und auch ihr Gesicht war aufgedunsen. Ihre Augen schienen dadurch kleiner geworden zu sein. Ihre linke Kopfseite war kahl. Es waren fast keine Narben zu sehen. Lediglich einige rötliche Linien. Nur an der vibrierenden Haut konnte man erkennen, daß kein Knochen dahinter war. Das übriggebliebene Haar war kurz, und zwischendrin befanden sich kahle Stellen. Sie fuhr sich nervös mit den Fingern durchs Haar und sagte, während sie sich in einem Spiegel betrachtete, daß sie vielleicht ganz kahl werden würde. Das käme vom Bestrahlen, hatte ihr der Arzt gesagt. Aber später würde es wieder ganz normal nachwachsen, und von der Narbe würde man überhaupt nichts mehr sehen. Sie versuchte zu lachen und sagte, daß sie nun einen Kopf mit einem Türchen hätte. Daß das Knochenstück später wieder eingesetzt werden würde. Bis dahin würde es unten im Parterre in Eis aufbewahrt. Sich das vorzustellen, fand sie verrückt. Daß da irgendwo etwas von ihr war. Anfangs hatte sie immer an das Bild von Anton Pieck denken müssen, vorne auf dem Umschlag des Buches »Und ewig singen die Wälder« von Trygve Gulbranssen, das bei ihrer Mutter im Bücherschrank stand. Eine gletscherartige Eiswand, in die ein Schädel gezeichnet ist. Sie hätte die Kälte in ihrem Kopf spüren können. Genau da, wo er offen war. Als ich mich zu ihr ans Bett setzte, sagte sie, daß ich gut aussähe, und ich kam mir deswegen wie ein gewissenloser Schuft vor. Denn ich war gesund und konnte nichts für sie tun. Sie sagte, immer, wenn sie in der ersten Zeit nach draußen gesehen hätte, hätte sie gedacht, da wüchsen prachtvolle hellgrüne Blumen an den Bäumen. Sie hätte dagelegen und darüber nachgedacht, was das sein könnte, hellgrüne Blumen. Das hätte sie so mysteriös gefunden. Bis die Schwester ihr erzählt hatte, daß das Kastanien waren. Irgend etwas war wohl mit ihren Augen nicht in Ordnung. Denn erst hatte sie deutlich lesen können, was auf der Reproduktion von der Rose an der anderen Wand stand. Rosa Turbinata. Aber nun sah sie nur noch graue Flecken. Sie durfte nicht lesen, das wäre zu ermüdend, war ihr gesagt worden. Aber vorige Woche hatte ihre Mutter eine Frauenzeitschrift mitgebracht, die sie heimlich unter der Decke bei sich behalten hatte. Als sie später darin zu lesen versuchte, mußte sie dauernd neu beginnen, weil ihr nach einigen Sätzen schon entfallen war, was sie gerade gelesen hatte. Und manchmal hatte sie überhaupt nicht begriffen, was da stand. Dann hatte sie die Wörter wie ein Schulkind buchstabiert. Plötzlich fragte sie, wie es der Katze ginge. Ich erzählte nicht nur, wie es ihr im Moment ging, sondern auch, was ich in der ganzen Zeit, die sie nun schon weg war, mit ihr erlebt hatte. Daß die Katze in der ersten Zeit immer zur Tür gelaufen war, wenn sie auf dem Flur hohe Absätze hörte. Daß sie überall im Haus nach ihr gesucht hatte. Sie fing an zu heulen und sagte, daß das eine Junge, das sie damals selbst herausgeholt hatte, das einzige sei, was wirklich von ihr wäre. Daß es furchtbar für sie gewesen sei, als wir es weggaben. Ich schob meinen Stuhl dichter an ihr Bett, legte meinen Arm um ihre Schulter und sagte, wir würden, wenn es ihr wieder besserginge, gemeinsam das Kätzchen besuchen. Sie nickte nur und heulte weiter. Ich legte meine Hand auf ihre feuchte Wange und drückte ihren Kopf an mich. So blieben wir sitzen, bis die Krankenschwester unbeschwert wie in einen Kreißsaal hereinkam und sagte, daß die Besuchszeit um sei. Und so habe ich im letzten halben Jahr ihres Lebens ein paarmal pro Woche einige Stunden an ihrem Bett sitzend verbracht. Durch das Fenster, vor dem auch im Winter das Gazerollo blieb, haben wir gemeinsam die Bäume gelb werden und den Schnee fallen sehen. Aber als dann alles wieder grün wurde, mußte ich es ihr erzählen. Sie war damals schon so gut wie vollkommen blind. Anfangs war sie oft sehr ruhig und klar. Sie konnte sich dann haarscharf an Einzelheiten von früher erinnern. Wie wir auf einer Bank im Vondelpark Honig aus Weigelien gesogen hatten, und neben uns im Papierkorb lagen große Büschel schwarze Hundehaare. Daß der Asphalt stets naß vom Tau war, wenn wir von einem Nachtkonzert kamen; und wie wir einmal, als wir auf der Terrasse des Zoo-Restaurants saßen, gesehen hatten, wie eine Silbermöwe einen Spatzen, der sich zu dicht an sie herangewagt hatte, einfach verschlang. Sie hatte gesehen, wie das Tierchen sich noch bewegte, als es durch die Kehle rutschte. Ekelhaft. Einmal erzählte sie mir, daß sie in Mexiko von einer Ausgrabung eine Statue für mich gekauft hatte. Aus Terrakotta. Ein sich liebendes Paar, noch mit Erde dran. Sie hat sie in irgendeinem Motel in San Diego liegengelassen. Aber später wurde sie manchmal wie ein quengeliges Kind. Dann mußte ich ein paarmal an einem Nachmittag ihre Schneidezähne betasten, weil sie meinte, die würden immer lockerer. Mitten in der Besuchszeit wollte sie mich dann losschicken, um Türkische Früchte für sie zu holen, weil das das einzige war, was sie mit ihren lockeren Schneidezähnen noch zu naschen wagte. Oder sie wollte, daß ich ihr den ganzen Nachmittag half, ein Puzzlespiel zusammenzusetzen, auf dem eine ebenso üppige Herbstlandschaft abgebildet war wie auf der Karte, die sie mir aus Kalifornien geschickt hatte. Immer, wenn ich ein paar passende Stückchen gefunden hatte und die zu den anderen fügte, nahm sie sie wieder weg und sagte, das wären nicht die richtigen, die würden nicht passen. Dann hatte sie etwas Boshaftes an sich. Mit sehr viel Takt mußte ich ihr dann die passenden Stückchen wieder zuschieben, damit sie glauben konnte, sie selbst gefunden zu haben. Sonst wurde sie immer ärgerlicher und pflückte die Landschaft Stückchen für Stückchen wieder auseinander. Noch vor Jahresende war sie ganz und gar kahl. So wie sie nun aussah, stand ihr das sogar ganz gut. Mit ihrem runden geschwollenen Gesicht. Eine halbdebile Urmutter, die zu lachen scheint, weil sie beinahe blind ist. Aber sie fand es schrecklich. Sie konnte sich nicht damit abfinden. Jedesmal, wenn ich kam, hätte sie sich am liebsten das Kissen über den Kopf gezogen. Darum kaufte ich, nachdem ich mit dem Arzt darüber gesprochen hatte, eine Perücke für sie. Dafür lieh ich mir sechshundert Gulden, die ich erst ein Jahr nach ihrem Tod zurückzahlen konnte. Das Haar der Perücke war etwas feuerroter, als sie es früher selbst gehabt hatte. Sie war überglücklich. Am ersten Nachmittag, an dem sie sie trug, fuhr sie dauernd flüchtig mit ihren Händen über den Kopf. Aber die Perücke stand ihr scheußlich. Angsteinjagend. Weil man nicht mehr sehen konnte, daß sie krank war. Als ob sie immer so ausgesehen hätte. Wie eine aufgeblasene, bösartige Märchenprinzessin. Wie Aschenputtels grimmige und verlogene Stiefschwester. Und wenn die Perücke schief saß, sah sie so närrisch aus, daß mir das Lachen und Heulen zugleich kam. Sie fing an, immer mehr solche Geschichten zu erzählen, von denen ich annahm, daß sie sie sich ausdachte. Ihr amerikanischer Mann hätte ihr öfter ein blaues Auge geschlagen. Jedesmal, wenn sie ausgewesen waren und er glaubte, sie hätte mit jemand geflirtet, gab er ihr zu Hause in der Diele einen kräftigen Schlag vor den Kopf. Darum sei sie nun krank geworden. Und wenn er für eine gewisse Zeit weg mußte, schrieb er immer den Kilometerstand des Wagens auf. Dann mußte sie sich später verantworten. Einmal, als sie betrunken waren, hatte er sie ausgekleidet und Eiswürfel in ihre Pflaume geschoben. Sie wäre am liebsten aus dem Fenster gesprungen, auf die Dächer der Araberhütten, so sehr brannte und juckte es. Und manchmal erzählte sie etwas von mir, als hätte sie ganz vergessen, daß ich bei ihr saß. Daß ich sie mit dem Fahrrad stundenlang neben mir her hätte fahren lassen, bis sie so müde geworden wäre, daß sie mitsamt dem Fahrrad am Wegrand ins Gras gefallen wäre. Ich hätte sie auch immer angestiftet, im Park Rosen zu stehlen, und dabei hätte sie sich an den Dornen blutige Finger geholt. Sie hätte furchtbare Angst gehabt, erwischt zu werden. Aber nach einiger Zeit hörte sogar das Lügen und Phantasieren auf. Ich konnte nichts anderes mehr für sie tun, als ihr etwas vorzulesen. Irgendwelchen Unsinn aus irgendeinem Damenmagazin. Es war gar nicht wichtig, wo ich begann. Wenn ich für einen Moment aufhörte, sprach sie manchmal mit mir. Das wurde immer zusammenhangloser, aber manchmal begriff ich, daß sie etwas von früher erzählen wollte. Falls es zu ihr durchdrang, wer ich war. Und einmal sagte sie ganz unvermittelt: »Wenn es mitten im August plötzlich kalt wird, wird alles chaotisch.« Nicht lange danach war alles vorbei. Sie sah nichts mehr. Sie konnte beinahe nicht mehr sprechen. Ihre Augen quollen aus den Höhlen, als ob sie von hinten geschoben würden. Sie wurde noch dicker und schwammiger. Trotzdem brachte ich ihr immer noch Blumen mit. Mehr für die Krankenschwester als für sie. Aber nur, weil sie doch nichts mehr von den Blumen sah, wollte ich nicht schamlos aufhören, ihr welche zu bringen. Wenn ich zu ihr reinging, überfiel mich eine so furchtbare Trostlosigkeit, daß ich am liebsten mit schüchterner und linkischer Munterkeit wie Oliver Hardy hineingestürmt wäre und lauthals »Aloha Babe« gerufen hätte. Um dann durch das Glas des Fensters und das Gazerollo zu springen und mit meinen Rosen als Fallschirm mit ihr über die ausgeschlagenen Kastanien zu schweben. Mit ihr, die durch Zauberschlag wieder verändert wäre in das Mädchen meiner Träume. Als ich in den ersten Frühlingstagen eines Nachmittags ins Krankenhaus kam, war sie tot. Sie war am Abend zuvor gestorben. Der Arzt meinte, ich brauchte mir keine Vorwürfe zu machen. Ich hätte getan, was ich konnte. Sie hätten mich bewundert, weil ich stets pünktlich zu Beginn der Besuchszeit gekommen und nie früher weggegangen war. Auch nicht, als sie meine Anwesenheit wahrscheinlich schon gar nicht mehr wahrgenommen hatte. Er sagte, daß meine Besuche sehr viel für sie bedeutet hätten. Daß ich sie sehr glücklich gemacht hätte mit der Perücke, denn als sie starb, hätte sie die mit beiden Händen auf den Kopf gedrückt. Nachdem ich sie zum letzten Male gesehen hatte – nicht abstoßender, als sie in letzter Zeit ausgesehen hatte –, fragte er mich, ob er die Perücke für mich aufbewahren solle, denn sie würde sofort eingesargt und zum Krematorium nach Velzen gebracht werden. Ich sagte, daß Olga sie aufbehalten sollte. Daß sie das selbst gewollt hätte.

Rawums. Eine Anthologie

Texte zum Thema. Herausgegeben von Peter Glaser.
KiWi 51
Originalausgabe

Im Umkreis der sich überschlagenden Popmusik-Szenen und der mittlerweile bereits international etablierten »neuen Malerei« entstanden – gewissermaßen mit Verzögerungseffekt – in den letzten Jahren zum ersten Mal auch verwandte Formen literarischer Texte, die sich in Sprache, Thematik und Haltung deutlich vom traditionellen literarischen Betrieb der siebziger Jahre abheben.
Peter Glaser, einer der exponiertesten Vertreter dieses neuen literarischen Selbstverständnisses, hat hier zum ersten Mal schon bekanntere und noch unbekannte Autoren zusammengeführt, deren ganz unterschiedliche Ansätze und Handschriften ein spannendes Bild dieses gerade in Gang gekommenen Prozesses ergeben. Eines Prozesses, in dessen Verlauf die Grenzen zwischen der Sprache, dem Film, den Bildern und der Fotografie sich überschneiden und der sehr wohl auch auf ganz eigene Traditionen zurückgreift.

KiWi Paperbackreihe bei Kiepenheuer&Witsch

PETER GLASER
SCHÖNHEIT IN WAFFEN
Stories

Der junge österreichische Autor Peter Glaser debütiert beim Verlag Kiepenheuer&Witsch, nachdem er in einer Vielzahl von Anthologien, Zeitschriften und Zeitungen Stories und Glossen aller Art, die Anthologie *Rawums* und zusammen mit Niklas Stiller einen Gemeinschaftsroman *Der große Hirnriß* veröffentlicht hat.

KIEPENHEUER&WITSCH

DIEDRICH DIEDERICHSEN
SEXBEAT – 1972 BIS HEUTE
KiWi 85
Originalausgabe

Eine Geschichte der Pop-Kultur.
»*Sexbeat* erzählt die Geschichte der ersten Subkultur, die ohne den Fortschritt auskommen mußte. Das Befreien der Massen, der Sinne, des Bewußtseins und aller überkommener innerer Gesetzmäßigkeiten der Künste war in seiner eindimensionalen Linearität erschöpft. Ihr konntet noch so viel von Postmoderne schwätzen, wir mußten sie leben. Seit 73 gibt es die erste postmoderne Subkultur, ein postmodernes Bohemia, für das die Beteiligten kein schikkes Wort hatten. Hier heißt es Second-Order-Hippness. Wie Künstler, Mitschülerinnen und der Dichter Irgens den Boho-Dance tanzten, warum es nicht mehr nötig ist, Hans Neuenfels erschießen zu lassen, warum große Männer am Ikarus-Phänomen zugrunde gehen, warum Historizität eine Waffe war, warum die Gegenstände verschwanden und erst langsam wieder auftauchten, trotzig und blutverschmiert, whatever happened to the V.O. (=Vaginaler Orgasmus) und was das alles mit Sex, Nichtsex und Krise der modernen Physik zu tun hat, steht in *Sexbeat,* einem historisch-prognostischen Essay/Prosa-Konglomerat über die Zeit von 1972 bis übermorgen. Schließlich lohnt es sich doch, älter zu werden als 25.«
Diedrich Diederichsen

KiWi Paperbackreihe bei Kiepenheuer&Witsch

Uwe Timm
Der Mann auf dem Hochrad
KiWi 97

Coburg Ende des vorigen Jahrhunderts: Ein Mann, der Präparator Schröder, besteigt ein Hochrad, schwankt, fällt,steigt wieder und wieder auf und lernt schließlich die hohe Kunst des Hochradfahrens. Diese Pioniertat bringt die Kleinstadt in Bewegung. Der Fortschritt, den Schröder auf wunderbare Weise in dem Hochrad verkörpert sieht, spaltet die Bevölkerung in Anhänger und Feinde. Ideologien formieren sich, soziale Barrieren werden überschritten, menschliche Beziehungen verwirrt. Ungeheuerliches geschieht: Anna, die Präparatorsgattin, fährt im syrischen Unterkleid durch die Stadt, während ein Freifräulein vom herzoglichen Hofbei ihrem Versuch, frei zu fahren, immer wieder in Schröders Arme sinkt.
Uwe Timm erzählt eine Familienlegende, die einen wahren Kern hat, die Geschichte von Onkel Franz, der nicht nur das Hochradfahren in Coburg einführte, sondern auch den eigenwilligen Versuch unternahm, die Tiernachbildung aus ihrer Starrheit zu befreien. Timm gibt dieser originellen Gestalt etwas von der Besessenheit, die alle großen Entdecker und Erfinder auszeichnet. In der kleinstädtischen Enge jedoch werden seine Höhenflüge schnell gebremst.

Gabriel García Márquez
Die unglaubliche und traurige Geschichte von der einfältigen Eréndira und ihrer herzlosen Grossmutter

Sieben Erzählungen
Titel der Originalausgabe:
La increíble y triste historia de la cándida Eréndira y de su abuela desalmada
Siete cuentos
Deutsch von Curt Meyer-Clason
KiWi 102

Weltabgeschiedene Flecken der Karibik, irgendwo zwischen Meer und Wüste, sind die Schauplätze dieser Erzählungen, in denen phantastische Elemente das alltägliche Elend bewußt machen.

KiWi Paperbackreihe bei Kiepenheuer&Witsch

Christian Linder
Heinrich Böll
Leben & Schreiben 1917-1985
KiWi 106

Mit diesem Buch Christian Linders über Heinrich Böll, das in der erweiterten Fassung Leben und Werk Bölls bis zu seinem Tod 1985 beschreibt, liegt die erste zusammenfassende Darstellung des Literaturnobelpreisträgers vor.

»Linders kluges, so gar nicht akademisch, sondern anschaulich argumentierendes Buch möchte ich allen empfehlen, die mit Böll oft zu bequem oder aber gar nicht zurechtkommen.«
Günther Schloz, Deutsche Zeitung

KiWi Paperbackreihe bei Kiepenheuer&Witsch